TABLE
DES
EDITS, DECLARATIONS, ORDONNANCES, ARRESTS ET REGLEMENS

CONCERNANT

LES FERMES ROYALES-UNIES.

Rendus pendant les mois d'Avril, May & Juin 1697.

A PARIS,

Chez PIERRE PRAULT, Imprimeur des Fermes du Roy, Quay de Gêvres, au Paradis.

M. DCC. XXXIV.

SUITE DE LA TABLE
DES
EDITS, DECLARATIONS,
ARRESTS ET REGLEMENS
CONCERNANT,
LES FERMES ROYALES UNIES,
Rendus pendant les mois d'Avril, May & Juin 1697.

Du 2. Avril 1697.

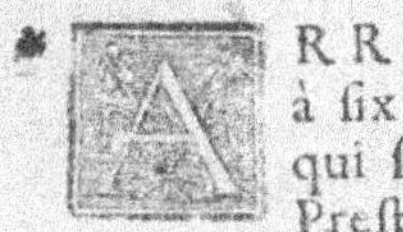

RREST du Conseil, qui reduit & modere à six deniers, le Droit du Sel des Obligations qui seront passées pardevant Notaires, pour Prest du Sel, faits par les Receveurs des Gabelles : Au lieu des Droits portés par le Tarif du 27 Novembre 1696. auquel Sa Majesté a dérogé à cet égard, sans tirer à consequence.

Du 2. Avril 1697.

Arrest du Conseil, sur deux Procés verbaux dressés par les Brigadiers des Fermes-Unies à Feüilleres & Biache, les 22. & 23. Mars 1697 ; contre treize Cavaliers du Regiment d'Auvergne, en quartier d'Hyver à Bapaume, qui ont forcé le 19. dudit mois, la Barriere des Cluviers, avec onze Bestes chargées de Faux Sel : qui ordonne que les Procédures commencées par les Officiers du Grenier à Sel de Peronne, seront continuées par M^r. Bignon, Commissaire desparty en la Généralité d'Amiens, & le Procez fait & parfait aux Coupables & Complices dudit Faux-Saunage, & Jugé en dernier ressort par ledit Sieur Bignon, avec les Officiers dudit Grenier à Sel, ou Graduez portez par les Ordonnances, luy en attribuant toute Cour, Jurisdiction & Connoissance, icelle interdisant à toutes ses Cours & autres Juges.

Du 2. Avril 1697.

Arrest Contradictoire du Conseil, portant que (sans s'arrester à la Requeste & Opposition de Jean Martel, Bourgeois de Paris, qui avoit fait arrester Maistre Jean Guillois Receveur au Grenier à Sel de Beauvais) lequel pour avoir élargissement de sa personne, auroit consigné des deniers de sa Recepte, deux mille livres ès mains du Receveur des consignations de Beauvais; l'Arrest du Conseil du 18. Decembre 1696, donné sur la Requeste de Maistre Pierre Pointeau sera exécuté : En consequence que ladite somme de deux mille livres, consignées ès mains dudit Receveur des Consignations, par ledit Guillois, sera remise au Receveur Général des Fermes à Paris, ou au Porteur de son ordre, à quoy faire contraint, ce faisant déchargé; sauf audit Martel à se pourvoir contre ledit Guillois ainsi qu'il avisera.

Du 2 Avril 1697.

* Arrest du Conseil & Lettres Patentes sur iceluy, *Registrées en la Cour des Aydes le 16. Juilliet audit an.* Concernant la Marque & Controlle des Ouvrages d'Or & d'Argent.

Du 2. Avril 1697.

Arrest du Conseil, qui reçoit Martin Souchay, Marchand à Nantes, opposant à l'exécution d'un Arrest du Conseil du 26. Février 1697, qui évoque au Conseil l'Instance pendante en la Cour des Aydes, entre luy & Maistre Pierre Pointeau, concernant les Droits d'Entrées des Cendres; & renvoye les Parties pour proceder en ladite Cour suivant les derniers erremens.

Du 2. Avril 1697.

Arrest Contradictoire du Conseil, sur la Requeste des Cautions de Claude Reboul, Entrepreneur du Tirage & Viotures des Sels pour le fournissement des Gabelles de Lionnois, Savoye, Geneve, Suisse & autres Traittes Etrangeres; concernant les pertes qu'ils ont faites sur lesdites Voitures, ès années 1694. 1695. & 1696. Qui ordonne avant faire droit sur ladite Requeste, que pardevant Messieurs d'Herbigny & de Basville, Intendans de Justice és Provinces de Lionnois & Languedoc, les Comptes & Piéces dudit Reboul desdites années seront rapportés, pour dresser leur Procez verbal, & donner leur Avis sur la difference du prix que luy a coûté ses Voitures, aux prix portés par son Traité, pour le tout vû & rapporté au Conseil, estre Ordonné ce qu'il appartiendra: Et cependant qu'il luy sera avancé la somme de quarante mille livres sur ce qui luy sera dû du prix ordinaire dudit Traité, pour les Voitures de 1697.

Du 6. Avril 1697.

Arrest du Conseil, qui ordonne que les Procedures commencées pour raison du contenu aux Procés verbaux des cinq & douze Mars 1697, par le Receveur des Traites au Bureau d'Estaples, & par les Gardes de la Brigade des Gabelles de Barly, contre des Cavaliers du Regiment des

Cuiraſſiers en quartier d'Hyver à Abbeville, chargés & conduiſant des Chevaux chargés de Sel, ſeront continuées, & le Procez fait & parfait aux Coupables & Complices dudit Faux-Saunage, & jugé en dernier reſſort par Monſieur Bignon, Intendant en Picardie & Artois, avec les Officiers des Greniers à Sel ou Graduez portés par les Ordonnances, Sa Majeſté luy en attribuant toute Cour, Juriſdiction & Connoiſſance, icelle interdiſant à toutes ſes Cours & Juges.

Du 12. *Avril* 1697.

Arreſt du Conſeil Privé, ſur la Requeſte de Germain & Nicolas Belard & Compagnie, Marchands Voituriers par eaux de Roüen, concernant une ſaiſie faite d'un Ballot de Toille déclaré pour Tapiſſerie, & Aſſignations en pluſieurs Juriſdictions : Qui ordonne qu'aux fins de ladite Requeſte les Parties ſeront aſſignées au Conſeil ; & cependant défenſes de faire pourſuites ailleurs.

Du 16. *Avril* 1697.

Arreſt du Conſeil, qui ordonne que la ſomme de cinq mille livres, employés en dépenſe dans les comptes de Maiſtre Pierre Pointeau, pour chacune des ſix années de ſon Bail qui finiront le 30. Septembre dernier, ſous le nom des Maire & Echevins de la Ville de Blois, pour le droit d'Octroy de trois livres pour chacun muid de ſel paſſant par icelle, & qui ſe leve au profit de ladite Ville, ſera paſſée & alloüée dans leſdits comptes ſans difficulté ; & à cet effet que toutes Lettres néceſſaires ſeront expediées.

Du 16. *Avril* 1697.

Arreſt du Conſeil, ſur la Requeſte de Pierre Pointeau, Fermier des Gabelles, contre les Communautés de la Madelaine & de S. Bergondy en Languedoc, qui ſe ſont attribués la faculté d'uſer du Sel de Poitou, Païs redimé, ſous pretexte d'estre voisins du Païs de Quercy, où la Gabelle n'a cours : Qui renvoye ladite Requeste aux Sieurs de Basville & Sanson, Commissaires départis en Languedoc & Généralité de Montauban, pour conferer ensemble & donner leur avis sur icelle, pour iceluy envoyé & vû au Conseil, estre fait droit ainsi qu'il appartiendra.

Du 21. Avril 1697.

Arrest du Conseil, sur la Requeste de Pierre Pointeau, Fermier Général des Domaines, contre Maistre Estienne Horeau, Procureur du Roy sur le fait de la Marée, qui s'est immiscé sans titre, de donner les Places de la Halle à qui bon luy a semblé, comme il resulte de plusieurs Brevets par luy délivrés à differens Marchands de Salines : Qui ordonne (sans s'arrester aux concessions accordées par ledit Horeau desdites Places, que Sa Majesté a cassées & annullées) que les Baux faits par Pointeau & autres Fermiers des Domaines, des Places en question, & ceux qui seront faits à l'avenir, seront executés selon leur forme & teneur, & les Locataires contraints au payement du prix d'iceux par les voyes qu'ils y sont obligés ; & cependant que ledit Horeau mettra dans quinzaine, pardevers Monsieur de Pontchartrain, les titres en vertu desquels il a expédié les concessions, pour iceux vûs & rapportés au Conseil, estre ordonné ce qu'il appartiendra.

Du 23. Avril 1697.

Arrest du Conseil, qui ordonne (en interpretant l'Arrest du Conseil du trois Avril 1696. en ce qu'il porte que les deux tiers revenans au Roy, par le déceds de Madame la Duchesse de Guise, dans les neuf sols dix deniers quatre cinquiémes de deniers qui appartenoient à ladite Dame, par chaque muid de Sel de Broüage, seroient perçûs par les Fermiers des Domaines) que les deux tiers en la totalité des 15 s. 6 d. seront perçûs par les Commis de Pierre Pointeau conjointement avec les trente-cinq sols qui se levent au profit de Sa Majesté, par chacun muid de Sel, & ce à compter du 17. Mars 1656. pour en compter par ledit Pointeau au profit de Sa Majesté, outre le prix de son Bail, au moyen dequoy lesdits Fermiers des Domaines demeureront déchargés d'en rendre compte, &c.

Du 24. Avril 1697.

* Reglement pour les Presentations des Requestes du Palais.

Du 30. Avril 1697.

* Résultat, servant de Bail des Fermes Generales-Unies de France, fait à Thomas Templier, pour six années, à commencer au premier Octobre 1697, & pour finir au dernier Septembre 1703. aux prix, charges, clauses & conditions y portées.

Du 30. Avril 1697.

* Arrest du Conseil, qui confisque avec amende & dépens, au profit du Fermier des Aydes de Sezanne, deux muids & demi de Vin, Chevaux & Charettes, saisis sur deux Particuliers de la Paroisse de Barbonne, qui avoient fait enlever ledit Vin du Pressoir, sans en avoir fait déclaration & pris congé au Bureau des Aydes.

Du 30. Avril 1697.

* Arrest du Conseil qui ordonne que l'Arrest contradictoire du Conseil du premier Septembre 1693. sera executé selon sa forme & teneur : Et en consequence décharge les Reverends Peres Minimes de Nantes & de Rennes en Bretagne, du Payement des Droits de Comptablie, Courtage & Convoy de Bordeaux, & de tous autres Droits, pour les Vins par eux achetés pour la Provision de leurs Convents, &c.

Du 30. Avril 1697.

Arrest contradictoire du Conseil, sur la Requeste des Visiteurs Generaux, Procureurs du Roy & Greffiers des Gabelles de Lyonnois, pour assister aux descentes & mesurages des Sels, dresser Procès verbaux de la qualité & quantité, faire prester Serment aux Ouvriers, Palayeurs & Commis, & faire tous Actes de Justice & Police nécessaires : Qui les deboute de leur Requeste ; & ordonne que l'Edit du mois de Mars 1667. & les Arrests du Conseil des 2. Juin & 14. Aoust 1685. & 29. May 1688. seront exécutés selon leur forme & teneur.

Du 30. Avril 1697.

Arrest du Conseil, sur la Requeste de Pierre Pointeau, Fermier General des Fermes-Unies, en execution d'une Sentence des Juges des Fermes à Dijon du 11. Decembre 1693. qui a confisqué sur Cezar de la Cour Marchand Drapier à Bezançon, des Marchandises entrées sous fausse Declaration faite au Bureau d'Auxonne, & l'a condamné en l'amende de cent livres & aux dépens, & d'un Arrest du Parlement de Dijon du 16. Décembre 1694 qui a confirmé ladite Sentence, à la Réserve de l'amende sur lequel il n'a point prononcé : Qui ordonne avant faire Droit sur ladite Requeste qu'elle, sera communiquée audit de la Cour ; & que sur un second Arrest contradictoire dudit Parlement du deux Janvier 1697, en interpretation & addition de l'amende, qui en a débouté ledit Pointeau, & le condamne aux Dépens, le Procureur General audit Parlement envoyera incessamment les motifs dudit Arrest, pour iceux vûs, avec la réponse dudit de la Cour, estre ordonné ce qu'il appartiendra.

Du 7. May 1697.

* Arrest du Conseil, qui ordonne que les Sous-Traitans des

Isles & Islots, & des Offices de premiers Huissiers, rendront compte.

Du 7. May 1697.

* Arrest du Conseil, portant suppression des Droits Seigneuriaux dûs à Sa Majesté, aux mutations par Echange, dans l'étenduë des Directes des Seigneurs particuliers de la Generalité de Champagne, en payant par les Habitans & Communautez d'icelle, suivant leurs offres, à M. Edme Mignard, ses Procureurs ou Commis, la somme de quatre-vingt mille livres & les deux sols pour livre.

Du 7. May 1697.

Arrest du Conseil, qui ordonne que la Requeste en demande de confiscation d'un muid de Vin saisi par les Commis de Pierre Cristal Fermier, des Aydes de l'Election de Sezanne sur le nommé Isaac Prudhomme Cabartier de ladite Ville, sera communiquée audit Prudhomme, pour y repondre dans la quinzaine, &c.

Du 14. May 1697.

* Arrest du Conseil, pour la prise de possession de Thomas Templier, Fermier General des Fermes-Unies de Sa Majesté, pour six années, à commencer du premier Octobre 1697.

Du 14. May 1697.

* Arrest du Conseil, qui décharge les détempteurs & possesseurs des Batteaux à lessives & Maisons bâties sur les Ponts & Quays de la Ville de Paris, des Taxes pour lesquelles ils ont ésté employés dans les Rolles arrestés au Conseil en exécution de l'Edit du mois de Decembre 1693.

Du

Du 14. May 1697.

* Arreſt du Conſeil, qui ordonne que les Arreſts des 18. Octobre & 22. Novembre 1695. ſeront executés : Ce faiſant que par Monſieur de Bouville, Intendant en la Generalité d'Orleans, ou tels Officiers & Gradués qu'ils commettra ; il ſera informé des Faux-Saunages & divertiſſemens des deniers de la Recette des Gabelles au Grenier à Sel de Gien, par les nommés Claude le Jeune Pere & Fils, qui ont fait ladite Recette comme Commis & Receveur en Titre, & à leurs Complices, & que le Procez ſera fait par ledit Sieur de Bouville, aux Coupables, juſqu'à Jugement diffinitif, &c.

Du 21. May 1697.

* Arreſt du Conſeil, qui ordonne, conformément à l'uſage pratiqué dans les Bureaux des Gabelles & Cinq groſſes Fermes & autres Unies, avant l'Edit de Création des Receveurs en Titre, du mois de Decembre 1694. que leſdits Receveurs ou ceux par eux Commis ſeront obligés de reſider dans les lieux de leur éſtabliſſement, & d'eſtre en leurs Bureaux aux jours & heures ſpecifiées par le preſent Arreſt, ſur les peines y portées. Enjoint aux Receveurs, Grenetiers, Contrôlleurs & Greffiers des Greniers à Sel, d'écrire en lettres dans le Corps de chaque article & ſans rature, le nombre du Sel levé & diſtribué à chaque particulier : & aux Receveurs des Traittes d'ecrire de même les ſommes à quoy montent les Droits de chaque article ; & que leſdits Receveurs des Fermes Unies, tant généraux que particuliers ſeront tenus de compter par Eſtats, Bordereaux & Comptes, toutefois qu'ils en ſeront requis par les Directeurs & Controlleurs Généraux, &c.

Du 21. May 1697.

Arreſt du Conſeil, qui ordonne que la délibération des Intereſſés aux Fermes Unies (en execution du réſultat du du Conseil du 30. Avril 1697, portant adjudication desdites Fermes à leur profit sous le nom de Thomas Templier) qui nomme & departi en trois Classes ceux d'entre eux qui feront le service desdites Fermes, sera executée selon sa forme & teneur.

Du 21. May 1697.

* Arrest du Conseil, donné en faveur du Receveur General des Domaines & Bois de la Generalité d'Alençon, contre les Officiers de la Maistrise particuliere des Eaux & Forests d'Orbec, qui les rend responsables de la solvabilité des Adjudicataires des Bois du Roy.

Du 22. May 1697.

Arrest du Conseil Privé, sur la Requeste de Maistre Pierre Pointeau, sur la saisie faite par ses Commis au Bureau de Lille, de six Tonneaux de Quincaillerie & autres Marchandises sur Pierre François de Surmont, Marchand, en ladite Ville, pour fausse declaration dans la quantité dont l'excedant montoit à Sept cens trente cinq livres pesant & que par Sentence du Lieutenant des Traittes de Lille, du 11. dudit mois ledit Lieutenant a donné Main levée de cinq Tonneaux de Quincaillerie & Mercerie en payant les Droits, au lieu de confisquer l'exedent; & à l'égard du sixiéme Tonneau contenant des Plumes à écrire, il a ordonné qu'il demeuroit saisi: Qui ordonne qu'aux fins de ladite Requeste les Parties seront assignées au Conseil, dans le temps du Reglement, pour y estre fait droit ainsi qu'il appartiendra.

Du 22. May 1697.

Arrest du Conseil Privé, sur la Requeste de Maistre Pierre Pointeau; contre Pierre de Surmont Marchand à Lille qui a esté par Sentence Contradictoire de la Chambre des Traittes de ladite Ville, déclaré atteint & convaincu d'avoir esté saisi de quarante-une pieces de Perpetuanne blanche, Manufacture Estrangere, & de s'estre servi de

Coins ou Marques empruntés pour déguiser lesdites Marchandises; pour raison dequoy il a esté condamné seulement en douze cens livres d'amende, aux dépens & à la confiscation de ladite Marchandise, & non en peine afflictive: Qui ordonne que ledit Surmont sera assigné au Conseil au mois; Et cependant que les Procedures qui sont entre les mains du Greffier de ladite Chambre des Traittes de Lille, concernant l'appel de ladite Sentence, seront apportés au Greffe du Conseil, à ce faire ledit Greffier contraint moyennant Salaires raisonnables, & en cas de refus, sera assigné au Conseil pour en dire les causes.

Du 28. May 1697.

* Arrest du Conseil, qui deffend à toutes Personnes de quelque qualité & condition qu'ils soient, de faire sortir du Royaume, sans Permission du Roy, aucuns vieux Linges, Drapeaux, Drilles & Pates, à peine de confiscation & de trois mille livres d'amende.

Du 4. Juin 1697.

* Arrest du Conseil, qui permet jusqu'au premier May de l'année prochaine 1698. de faire passer debout & sans entrepost jusqu'à Marseille des, Toilles, des Chapeaux de Castors à l'Espagnol & des Dentelles de Soye, en faisant déclaration de la quantité & qualité au premier Bureau de la Route, où ils ne payeront autres ni plus grands droits; que ceux qu'ils auroient payez pour les faire sortir hors du Royaume par Mer.

Du 18. Juin 1697.

Arrest Contradictoire du Conseil, sur la Requeste de Jacques Judes, Marchand Bourgeois de Roüen, lequel en consequence d'un Arrest du Conseil du cinq Juin 1696. qui permet de faire passer debout & sans entrepost jusqu'à Marseille, des Toilles de Normandie, Bretagne & Laval, auroit chargé Joseph Achin Marchand à Nantes, de conduire trente huit Balots contenant dix mille cent quatre aunes de Toilles, de Morlaix à Marseille, le Sieur Gouste Commis au Bureau de Remoüillé, a exigé au lieu d'onze livres duës pour la sortie, cinq cens cinq livres quatre sols: Qui ordonne que ledit Arrest du cinq Juin 1696. sera executé; & en consequence que Maistre Pierre Pointeau ou son Commis à Remouillé, seront tenus de rendre la somme de cinq cens cinq livres quatre sols qu'ils ont exigs audit Bureau, à ce faire en cas de refus contraint; en payant pour lesdites Toilles, les Droits de Ports & Havres ou de Brieu, qu'ils auroient payé en Bretagne, s'ils estoient sortie par Mer.

Du 18. Juin 1697.

Arrest du Conseil, qui commet les Sieurs de Caumartin, Chamillart & Darmenonville, Conseillers d'Estat ordinaires, Intendans des Finances, pour estre en leur presence ou chacun separément, procedé aux publications, encheres & adjudications des Sous-Fermes de leurs départemens, aux plus Offrans & derniers encherisseurs, après trois publica- & trois remises consecutives; conformement à l'article XV. du Reglement du mois de Juillet 1681.

Du 18. Juin 1697.

* Arrest du Conseil, portant que les Rolles des Tailles seront scellés & que les contraintes qui seront délivrées par les Receveurs Generaux des Finances, Receveurs des Tailles, Fermiers, Sous-Fermiers & Traittans, & les contre-Lettres seront executées sans estre scellées, à moins que lesdites contraintes ne soient visées approuvées ou autorisées en Justice; auquel cas elles seront scellées, & les droits payés.

Du 25. Juin 1697.

Arrest du Conseil, qui ordonne que par Maistre Pierre Pointeau, Fermier General des Aydes & autres Fermes-Unies, il sera tenu en surceance aux Sous-Fermiers des

SUITE DE LA TABLE
DES ARRESTS DU CONSEIL,
Concernant les Fermes Royales-Unies, comprises au Bail fait sous le nom de Me Pierre Pointeau, donnés pendant les six derniers mois de l'année mil six cent quatre-vingt-dix-sept.

* *Du deuxieme Juillet 1697.*

RREST du Conseil d'Etat, qui ordonne que l'Article XI. du Titre IV. de l'Ordonnance des Gabelles de 1680. sera executé ; & en consequence que les cadenats apposés par les Presidens des Greniers à Sel d'Angers & de Vervins, seront ôtés, leur faisant deffenses & à tous autres d'en apposer à l'avenir : Pourront toutefois lesdits Presidens assister à la distribution, mesurages & emplacemens des Sels qui se feront esdits Greniers ; sans que pour raison de ce, ils puissent avoir aucune part dans les Vingt sols que Sa Majesté a permis aux Grenetiers & Controlleurs de prendre pour chacun muid de Sel qui sera mesuré & emplacé dans lesdits Greniers.

* *Du 2. Juillet 1697.*

Arrest contradictoire du Conseil d'Etat, qui ordonne que les Sceaux qui seront apposés sur les prises en Mer, ne seront apposés que par les Officiers de l'Admirauté ; que les Commis ou gardes qui seront envoyés sur lesdites prises, par les Fermiers des Fermes Unies, assisteront ausdits Sceaux & signeront les procés verbaux dont leur sera délivré Copies ; sans que lesdits Sceaux puissent être levés qu'en leur presence, ou eux dûëment appellés ; & qu'au surplus les dispositions de l'Arrest du cinq Mars dernier, seront executées.

Du 16. Juillet 1697.

Arrest du Conseil d'Etat, qui deboute Bertrand, Malleville Marchand de la ville de Dome, & Isaac Vergne Marchand de Souville, de leur Requeste, par laquelle ils demandoient que les Fermiers du Roy leur expediasse des Acquits sans païer de nouveaux droits, pour pareille quantité de Sel qu'ils ont perduë dans les deux Bateaux qu'ils avoient chargé au mois de Decembre dernier, au Port & Havre de Libourne, par les glaces survenuës sur la riviere de Dordoigne, devant le Port de Castillon.

Du 23. Juillet 1697.

Arrest du Conseil d'Etat, qui ordonne que Maître Charles Favereau, qui a levé l'Office de Juge President des déposts de Mortagne & Tiffauges, sera tenu d'exercer & faire la fonction de sa Charge, dans le lieu de Mauleon, ainsi qu'il en a été usé par le passé, Sa Majesté luy en attribuant en tant que de besoin toute Jurisdiction & connoissance.

Du 23. Juillet 1697.

Arrest du Conseil d'Etat, qui ordonne sans s'arrêter à l'Arrest de la Cour des Aydes de Roüen du dix-neuf Decembre 1696. que le nommé Gilles le Brun, Faux-saunier récidiveur, consignera l'amende à laquelle il a été condamné par la Sentence des Officiers du Grenier à Sel de Carrouges, du douze Juillet audit an, avant que son procés puisse être vû, ny son appel receu en ladite Cour ; sinon & à faute de ce faire dans le mois du jour de la signification du present Arrest, sera lad. Sentence executée.

Du 23. Juillet 1697.

Arrest du Conseil d'Etat, qui ordonne que par Monsieur

Foucault, Intendant de Justice, Police & Finances en la Generalité de Caën, avec tel Presidial qu'il voudra choisir, il sera procedé à l'entiere instruction du procés criminel fait par le Sieur Jannin Juge des Traites à Vire, pour raison des exceds commis par le Sieur Montenay, Bailly de Mortain, en la personne du nommé du Crux, Lieutenant des Fermes au Tilleul, & le procés fait & parfait aux coupables en dernier ressort jusqu'à Jugement diffinitif inclusivement, &c.

* *Du 30. Juillet 1697.*

Arrest du Conseil d'Etat, qui ordonne (sans s'arrêter aux Requestes & oppositions des Mesureurs au Grenier à Sel de Paris, dont il sont déboutés) qu'en consequence des Arrests du Conseil des trois Juillet 1691. & dix Aoust 1694. qui ont permis au Fermier des Gabelles, de commettre des Tireminots audit Grenier à Sel; Les Commis de Maître Pierre Pointeau & les Entrepreneurs des fournissemens des Greniers à Sel, gouverneront la Soupape apposée sous la Tremuye, & raderont le Minot lorqu'il aura gresllé.

* *Du 6. Aoust 1697.*

Arrest du Conseil d'Etat, qui ordonne que le Titre IV. de l'Ordonnance des Gabelles de 1680. & les Arrests des trois Juillet 1691. dix Aoust 1694. vingt-un Aoust 1696. & trente Juillet 1697. seront executés : & en consequence que l'Orillon restera appliqué au Minot pour y poser la Radoire; & que les Entrepreneurs de la Voiture des Sels, demeureront en possession d'ouvrir & fermer la Soupape, & de rader le Minot lors qu'il est remply. Enjoint aux Officiers du Grenier à Sel de Château-Gontier, de proceder incessamment au mesurage & emplacement des Sels voiturés pour leur fournissement, à peine, &c.

* *Du 6. Aoust 1697.*

Arrest du Conseil d'Etat, qui ordonne que les Mesureurs, porteurs & travailleurs, qui seront préposés par le Fermier ou le Receveur au Grenier à sel de Chaumont, au deffaut des Titulaires, prêteront serment pardevant les Officiers dudit Grenier : ausquels Sa Majesté fait deffenses, notamment au Sieur Fleury Grenetier, de les révoquer, ou chasser & d'en commettre d'autres, ny d'empêcher les Commis de la Ferme d'être presens aux mesurages, de les menacer & condamner. Enjoint audit Fleury & Officiers de signer les Arrests des ventes de chaque jour, de fournir à l'Adjudicataire les Certificats signés d'eux de ce qui aura été vendu de Sel en chaque quartier ; & de viser les Etats & contraintes du Receveur, & à leur reffus luy permet de les faire executer, &c.

Du treize Août 1997.

Arrest du Conseil d'Etat, qui ordonne que par Monsieur Bignon Intendant de Justice, Police & Finances en la Generalité d'Amiens, ou son Subdelegué, il sera informé contre le Sieur Martin Receveur en titre au Bureau des Traites d'Auxy le-Château (accusé de composer des droits de sa Recette & de plusieurs autres malversations,) des faits contenus au Procès verbal du 5. Juillet 1697. circonstances & dependances ; pour les informations & autres procedures faites & rapportées au Conseil, être ordonné ce qu'il appartiendra.

Du vingt Août 1697.

Arrest du Conseil d'Etat, qui ordonne que le Procureur General en la Cour des Aydes de Paris, envoyera incessamment les motifs de l'Arrest de ladite Cour du 9. du present mois: & cependant que l'Arrest du Conseil du 21. Août 1696. portant établissement de la nouvelle Tremuye, & la Declaration du premier Septembre ensuivant, seront executées selon leur forme & teneur.

Du vingt Août 1697.

Arrest du Conseil d'Etat, qui ordonne qu'à la diligence de Maître Pierre Pointeau, il sera informé par Monsieur le

Peletier de la Houssaye, Intendant en la Generalité de Soissons, du vol de Sel & déchet extraordinaire fait par le sieur le Blanc cy-devant Receveur par commission au Grenier à Sel de Château-Tiery, de concert avec les Officiers de l'Election qui l'etoient lors du Grenier à Sel; pour être le procès instruit, fait & parfait aux Coupables, & par luy jugé en dernier ressort, en tel Presidial qu'il voudra choisir, luy en attribuant toute Jurisdiction & connoissance; & en cas d'absence ou empêchement, Sa Majesté luy permet de subdeleguer pour l'instruction dudit Procès.

Du vingt Août 1697.

Arrest du Conseil d'Etat, qui ordonne que par Monsieur Larcher Commissaire desparty en la Generalité de Châlons & Frontiere de Champagne, il sera informé du contenu au Procès verbal des Brigadier & Gardes des Fermes-Unies du deuxiéme du present mois contre plusieurs particuliers travestis en Soldats qui avoient leurs Aversacs remplis de Tabac, pour l'information faite & rapportée au Conseil, être ordonné ce qu'il appartiendra.

Du vingt-sept Août 1697.

Arrest du Conseil d'Etat, qui ordonne que l'Arrest du Conseil du dix-huit Octobre 1695. qui a commis Monsieur de Bouville Intendant en la Generalité d'Orleans, pour informer contre les Faux-Sauniers, & faire cesser le Faux-Saunage en ladite Generalité, sera executé: Et en consequence sans s'arrêter à l'Arrest de la Cour des Aydes de Paris, du douze Juin dernier, ny à l'assignation donnée au Sieur Pineau Receveur en titre au Grenier à Sel de Romorantin, à la Requeste du nommé Chaumet Fermier des Regrats dudit Grenier, dont Sa Majesté l'a déchargé, a renvoyé les Parties devant ledit Sieur de Bouville, pour leur être fait droit ainsi qu'il appartiendra, &c.

Du 27. Aoust 1697.

Arrest contradictoire du Conseil d'Etat, portant Reglement pour la perception des droits d'Entrée, Gros & Augmentation, détail & annuel, tant des Vins du crû des Bourgeois de la Ville & fauxbourgs de Lyon, que des Vins d'achat & nouveaux droits établis depuis la concession de leurs privileges, &c.

Du 3. Septembre 1697.

Arrest du Conseil d'Etat, qui ordonne que la Requeste de Maître Pierre Pointeau, concernant les droits de Riviere sur les Eauës de Vie, déclarées à Orleans, pour Melun & qui y ont séjourné huit jours, appartenans au nommé Bondonnat, ensemble les droits d'Entrée à Paris, desdites Eauës de Vie, sera communiquée audit Bondonnat; pour sa réponse veuë dans huitaine, être ordonné ce qu'il appartiendra.

* *Du 17. Septembre 1697.*

Arrest du Conseil d'Etat du Roy, qui ordonne, sans s'arrêter au Jugement des Officiers du Grenier à sel de Saint Florentin, du vingt-quatre Octobre mil six cent quatre-vingt-quinze, que Sa Majesté a cassé & annullé; que Marguerite Jeanneau veuve Maître le Mire, vivant President en l'Election & Grenier à sel de saint Florentin, & les Officiers qui ont signé ledit Jugement, seront contraints au payement de la valeur de deux quarts de Sel qu'ils luy ont fait délivrer, suivant le prix du Grenier, & ce comme pour les propres deniers & affaires de Sa Majesté, &c.

Du 17. Septembre 1697.

Arrest du Conseil d'Etat, qui accorde la quantité de quatorze muids six septiers deux Minots de diminution, sur l'Impost du sel des paroisses des Greniers à sel d'Issoudun, Buzançois, la Chastre & Argenton; sçavoir, quatre muids quatre ſeptiers deux Minots, ſur les paroiſſes du Grenier à ſel d'Iſſoudun; deux muids onze ſeptiers, ſur celles du Grenier à ſel de Buzançois; quatre muids deux ſeptiers, ſur celles du Grenier à ſel de la Chaſtre; & trois muids un ſeptier, ſur celles du Grenier à ſel d'Argenton: deſquelles diminution il ſera arrêté un Etat de répartition, par Monſieur de Seraucourt, Commiſſaire départi, en la Generalité de Bourges.

* *Du 5. Octobre 1697.*

Arreſt du Conſeil d'Etat, qui ordonne, ſans s'arrêter à la Requeſte de Claude Marchand, Sous-Fermier des Domaines de la Generalité d'Orleans, dont Sa Majeſté l'a debouté: Que les amendes concernant les Gabelles & Cinq groſſes Fermes, appartiendront à Maître Pierre Pointeau, en qualité de Fermier des Gabelles & Cinq groſſes Fermes; ſans que ledit Marchand & autres Fermiers des Domaines y puiſſent rien prétendre.

* *Du 8. Octobre 1697.*

Arreſt du Conſeil d'Etat, qui ordonne que l'Arreſt du Conſeil du 13. Juillet mil ſix cent quatre-vingt-huit, ſera executé: Et en conſequence que le cadenas qui a été poſé au Grenier à ſel de Freſnay, prés la Halle, par le Commis de Maître Pierre Pointeau, Controlleur audit Grenier, ſera réapoſé; Et fait deffenſes à Maître Pierre Tavernier, grenetier audit Grenier & tous autres de l'empêcher, & de s'immiſſer dans la meſure du Sel, à peine de cinq cens livres d'amende, & de tous dépens, dommages & interêts.

Du 12. Octobre 1697.

Arreſt du Conſeil d'Etat, ſur la Requeſte de Maître Pierre Pointeau, concernant l'achat & vente de pluſieurs Vins muſcats & François, & les droits d'Entrée & de détail; qui ordonne qu'avant faire droit ſur icelle, le Procureur General du Roy en la Cour des Aydes de Paris, envoyera au Conſeil les motifs de l'Arreſt de ladite Cour du onze May dernier.

Du 15. Octobre 1697.

Arreſt du Conſeil d'Etat, qui évoque à ſoy la demande de Gabriel Sauvé, Sous-fermier des Regrats du Grenier à ſel de Paris; Ordonne que dans huitaine aprés la ſignification du preſent Arreſt, il mettra és mains de Monſieur de Pontchartrain, Controlleur General des Finances, la Requeſte & autres pieces juſtificatives de ſa demande; pour Maître Pierre Pointeau: Oüy ou ſes réponſes vûës, être au rapport de mondit Sieur de Pontchartrain, fait droit ainſi qu'il appartiendra; Et fait deffenſes audit Sauvé, de proceder ſur ladite Requeſte, en la Cour des Aydes, à peine de nullité, caſſation, &c.

Du 15. Octobre 1697.

Arreſt du Conſeil d'Etat, qui ordonne que dans un mois du jour de la ſignification du preſent Arreſt, les Directeurs des créanciers du ſieur Arnaud cy-devant intereſſé aux Fermes du Roy, ſeront tenus de prendre communication par les mains du Commis General de la Ferme, des comptes des Receveurs deſdites Fermes, & des pieces juſtificatives deſdits Comptes, & de donner leurs conſentemens ou débats ſur chacun des Etats des debets des Comptes des Commis nommés du chef dudit Arnaud ou par échange, & ſur toutes les autres ſommes dont les Intereſſés aux Baux de Domergue & de Pointeau demandent la compenſation, avec les avances dudit Arnaud; ſinon & à faute de ce faire dans ledit tems, ordonne que les ſommes qui ſont entre les mains du ſieur Bartet, procedans du fonds des avances dudit Arnaud ou autrement, ſeront baillées & délivrées auſdits Intereſſés, ſur & tantmoins ou juſqu'à concurrence de la ſomme de Quatre cens cinquante mille huit cens ſoixante quatre livres quinze ſols trois deniers, qu'à cet effet les Recepiſſés dudit Bartet luy ſeront rendus au premier commandement qui en ſera fait auſdits Directeurs, ſinon qu'ils demeureront nuls en vertu du preſent Arreſt; décharge les Commis deſdites Fermes des aſſignations à eux données au Châtelet, & fait deffenses de faire aucune poursuites contre eux, ailleurs qu'au Conseil.

Du 29. Octobre 1697.

Arrest du Conseil d'Etat du Roy, qui continuë conformément à l'avis du sieur Bouchu, Commissaire departy en la Generalité de Grenoble, aux habitans de la vallée de Pragelas, l'exemption des droits de la Doüanne de Valence, pour les Bleds & Vins qui seront tirés du Pignerolois, & portés dans ladite Vallée, pour y être consommes; Ordonne que les Voituriers & conducteurs desdits vins & bleds, seront tenus de prendre des Acquits à caution au Bureau de Villaret, qui leur seront délivrés gratuitement, & de rapporter des Certificats de la descente & consommation dans ladite Vallée, sous les peines portées par les Baux & Ordonnances de la Doüanne de Valence. Et à l'egard des denrées qui sortiront de la Vallée de Pragelas, pour être portées dans le Pignerolois, les droits en seront payés, &c.

Du 5. Novembre 1697.

Arrest du Conseil d'Etat, qui ordonne qu'il sera tenu compte à Maître Pierre Pointeau, de la somme de Cent cinq mille quatre cens vingt-sept livres sept sols six deniers, pour les Charges assignées sur les Gabelles de Mets, Salines & Domaines du Comté de Bourgogne, des années 1693. 1694. & 1695. suivant les Etats particuliers desdites Charges, sur le prix de son Bail, de la presente année 1697. sans difficulté, en rapportant le present Arrest.

Du 5. Novembre 1697.

Arrest du Conseil d'Etat, sur la Requeste de Pierre Pointeau Fermier General des Aydes; concernant les Eauës de Vie que Jean Lyon, Marchand à Paris a fait mettre dans son Magazin à Melun au mois de Juin dernier, lequel prétend que ledit Fermier luy doit tenir compte des droits de Riviere qu'il a payé à Melun, sur les droits d'Entrées à Paris desdites Eauës de Vie : Qui ordonne que la Requeste dudit Pointeau sera communiquée audit Lyon, pour luy oüy, ou sa réponse vûë dans huitaine du jour de la signification du present Arrest, être ordonné ce qu'il appartiendra.

TABLE

DES ORDONNANCES DU ROY, Arrests du Conseil, & de la Cour des Aydes,

Concernant les Fermes Royales-Unies, comprises au Bait fait sous le nom de Maistre Thomas Templier, donnés pendant les mois de May, Juin & suivans, jusques au dernier Decembre 1697.

Du quatorze May 1697.

ARREST du Conseil d'Etat, pour la prise de possession de Thomas Templier, Fermier General des Fermes-Unies de Sa Majesté, pour six années, à commencer du premier Octobre 1697.

Du vingt-un May 1697.

Arrest du Conseil d'Etat, qui ordonne que la Déliberation des Interessés aux Fermes-Unies (en execution du Resultat du Conseil du trente Avril dernier, portant adjudication desdites Fermes à leur profit sous le nom de Thomas Templier) qui nomme & départit en trois classes ceux d'entr'eux qui feront le service desdites Fermes, sera executée selon sa forme & teneur.

Du dix huit Juin 1697.

Arrest du Conseil d'Etat, qui commet les Sieurs de Caumartin, Chamillart & Darmenonville, Conseillers d'Etat ordinaires, Intendans des Finances, pour être en leur presence chacun separement, procedé aux publications, encheres & adjudications des Sous-Fermes de leurs Departemens, aux

A

plus offrans & derniers encherisseurs, aprés trois publicat ion & trois remises consecutives; conformément à l'Article XV du Reglement du 25. Juillet 1681.

* *Du 23. Juillet 1697.*

Arrest du Conseil d'Etat, qui permet à Maistre Thomas Templier, Fermier General du Domaine de France & droits y joints; de faire des Baux à vie des places, Boutiques, Estaux & Eschopes situées aux Halles, Marché aux poirees, ruë au Fevre, Cimetiere Saint Jean, Porte de Paris, Marché-Neuf, Place Maubert & autres lieux.

Du 30. Juillet 1697.

Arrest du Conseil d'Etat, qui agrée & authorise la Societé des Interessés au Bail de Thomas Templier, du premier du present mois, & ordonne qu'elle sera executée selon sa forme & teneur.

* *Du 10. Septembre 1697.*

Arrest du Conseil d'Etat, qui ordonne qu'à commencer du premier Octobre prochain, il ne sera employé pour faire les Arrests, Sentences, Commissions, Lettres, Contrats, Obligations & autres Actes, & toutes sortes d'écritures qui doivent être faites sur papier & parchemin timbré, que celuy qui sera vendu & debité par Maistre Thomas Templier, Fermier general des Fermes Unies, ses Procureurs & Commis, & marqués de sa marque & timbré, à peine de nullité & de Six mille livres d'amende, &c.

* *Du 26. Septembre 1697.*

Arrest de la Cour des Aydes de Paris, qui permet à Maître Thomas Templier, de faire toutes poursuites necessaires, pour se mettre en possession & joüissance des Fermes generales des Gabelles, Cinq grosses Fermes, Aydes & Entrées & autres, comprises au Bail qui luy en a été fait, par Resultat du Conseil du trente Avril 1697. à commencer du premier Octobre de ladite année.

Du 4. Octobre 1697.

Ordonnance du Roy, qui deffend à tous Chefs, Officiers, Cavaliers, Dragons & Soldats de ses Troupes, tant François qu'étrangers, qui repasseront dans le Royaume, de se charger d'aucunes Marchandises étrangeres, de Tabac, ny de Faux-Sel, à peine de confiscation, &c.

Du 15. Octobre 1697.

Arrest du Conseil d'Etat, qui ordonne que l'Arrest du quatorze May dernier sera executé : Et qui regle les droits qui seront payés par Maistre Thomas Templier, aux Officiers des Elections, Greniers & Chambres à Sel, pour l'Enregistrement d'iceluy, & des commissions des Directeurs & Controlleurs Generaux, Commis aux Recettes & Controlles, Capitaines, Lieutenans, Gardes & Archers desdites Fermes, y compris la prestation de Serment, &c.

Du 19. Octobre 1697.

Arrest du Conseil d'Etat du Roy, qui déroge en faveur des sujets des Etats Generaux des Provinces Unies des Pays-bas seulement, aux Arrests & Reglemens rendus sur les droits des Marchandises specifiées au Tarif de 1667. Ordonne que les Marchandises qui seront apportées par les Sujets desdits Etats, du crû & fabrique des Provinces & Pays de leur domination, specifiées audit Tarif, ne payeront d'autres ny plus grands droits que ceux portés par iceluy, pendant trois mois seulement, à compter de ce jourd'huy : Et au surplus que lesdits Arrests & Reglemens seront executés ; & que pour les autres Marchandises non comprises audit Tarif, ny dans les Arrests posterieurs, les droits en seront payés suivant & conformément au Tarif de 1664.

Du 19. Octobre 1697.

Arrest du Conseil d'Etat du Roy, qui décharge du droit de cinquante sols par tonneau de Fret, les vaisseaux des Sujets des Etats Generaux des Provinces-Unies des Pays-bas, qui entreront & sortiront des Ports de France, chargés ou vuides; si ce n'est lors qu'ils prendront des Marchandises dans un Port dudit Royaume, & les transporter dans un autre Port d'iceluy, pour les y décharger, &c.

Du 19. Octobre 1697.

Arrest du Conseil d'Etat du Roy, qui permet aux Sujets des Etats Generaux seulement, d'apporter en France du Harang salé, en la maniere qu'il se pratiquoit auparavant les Arrests des quatorze Septembre 1687. & cinq Janvier 1691. en faisant leurs declarations & payant les droits ordonnés.

Du 22. Octobre 1697.

Arrest du Conseil d'Etat, qui ordonne que conformément à l'Arrest dudit Conseil du vingt-un May dernier, les Receveurs en titre des Fermes, crées par Edit du mois de Decembre 1694. ou ceux qui ont faculté de commettre à leurs places, seront obligés de resider actuellement dans les Bureaux de leur établissement, sur les peines y portées : Et permet à Maistre Thomas Templier, Fermier general des Fermes Unies, aprés trois procés verbaux des Directeurs ou Controlleurs generaux, de l'absence d'aucuns desdits Receveurs, de commettre à leurs Recettes en leur payant seulement leurs Gages, pendant leur interdiction.

Du 29. Octobre 1697.

Arrest du Conseil d'Etat, qui ordonne, sans avoir égard aux adjudications faites aux nommés de Very, & de Daux, & à l'Arrest de la Cour des Comptes, Aydes & Finances de

Montpellier, ny à tout ce qui s'en est ensuivi; qu'il sera procedé à nouvelles affiches, publications, adjudication & bail, des Fermes des Chambres à Sel du haut Languedoc, conjointement & separément, en la maniere accoûtumée.

Du 19. Novembre 1697.

Arrest du Conseil d'Etat, qui ordonne que ceux des Receveurs des Fermes-Unies, que Maistre Thomas Templier voudra rembourser, representeront és mains de Monsieur de Pontchartrain, Conseiller ordinaire au Conseil Royal, Controlleur General des Finances, les quittances de finances de leurs Offices, pour être procedé à la liquidation, & ensuite à leur remboursement.

Du 19. Novembre 1697.

Arrest du Conseil d'Etat, qui ordonne que le prix des Fermes des Gabelles de Languedoc & Roussillon, Provence & Dauphiné, compris par le Resultat du Conseil du trente Avril 1697. dans le prix de la Ferme generale des Gabelles de France, pour les années portées audit Resultat, demeurera fixé; sçavoir, pour les Gabelles de Languedoc & Roussillon, à Deux millions huit cens trente mille livres en tems de guerre, & à Deux millions cinq cens mille livres en tems de paix: Et pour les Gabelles de Provence & Dauphiné, à Deux millions trois cens mille livres en tems de guerre, & à deux millions cent trente mille livres en tems de paix; & que les Etats des charges assignés sur lesdites Gabelles, seront arrêtés sur ce pied, en la maniere accoûtumée.

Du 3. Decembre 1697.

Arrest du Conseil d'Etat, qui ordonne, sans s'arrêter à l'opposition formée par Maistre Charles Colombeau, Grenetier au Grenier à Sel d'Orleans, és mains de Maistre François le Noble, Receveur audit Grenier, sur les deniers de sa Recette, provenans de la vente & distribution des Sels de bons de

Masse, dont il est débouté; que ledit le Noble payera lesdits deniers à la Recette generale : Sans que ledit Colombeau ny autres Officiers, tant dudit Grenier, que des autres Greniers à Sel du Royaume, puissent pretendre ny demander aucun droit ny part aux bons de Masse des Sels, en consequence de l'Arrest du Conseil du 18. Octobre 1695. à peine, &c.

Du 3. Decembre 1697.

Arrest du Conseil d'Etat, qui évoque la contestation d'entre le Fermier de l'Octroy qui se leve au profit de la ville de Beauvais, de Vingt sols par minot de Sel vendu au Grenier, pour la consommation des habitans de la ville seulement : Et le Receveur des Gabelles dudit lieu. Et ordonne que dans quinzaine les Maire & Echevins de ladite Ville, remettront és mains de Monsieur de Pontchartrain, Controlleur General des Finances, les Titres de concession dud. Octroy, faute dequoy il cessera d'être levé; cependant que la Recette en sera faite par le Receveur des Gabelles, en la maniere usitée en 1696. sans aucune novation, à peine, &c.

Du 7. Decembre 1697.

Arrest du Conseil d'Etat, qui ordonne, sans avoir égard au Bail des Chambres à Sel d'Auvergne, fait au sieur de la Porte, du six Octobre dernier; qu'il sera de nouveau procedé à la publication & adjudication desdites Chambres, au plus offrant & dernier encherisseur, en la maniere accoûtumée.

Du 7. Decembre 1697.

Arrest du Conseil d'Etat, qui ordonne avant faire droit sur la Requeste de Maistre Thomas Templier, sur un rix arrivé entre deux Gardes des Gabelles de la Brigade de Tours; contre un nomme Chedoine & son Valet, conduisans sur les trois heures aprés minuit, un cheval chargé de deux panniers, & d'une poche pleine de Sel, & deux Bourgeois de lad. Ville qui les ont fait évader : Que les charges & informations faites tant par les Officiers du Grenier à Sel de Tours, que par l'Asseſſeur criminel du Preſidial de ladite Ville, ſeront inceſſamment apportées au Greffe du Conſeil, pour icelles vûës être ordonné ce que de raiſon ; & que le procès ſera continué par les Officiers dudit Grenier à Sel, juſqu'à Sentence difinitive ; & fait deffenſe audit Preſidial de Tours d'en plus connoître, à peine, &c.

Du 17. Decembre 1697.

Arreſt du Conſeil d'Etat, qui ordonne, avant faire droit ſur la Requeſte de Maiſtre Thomas Templier, concernant l'execution des Contraintes pour les droits de Controlle des Bierres, ſans déduction ; contre les Jurez de la Communauté des Braſſeurs de Paris, qui ont ſurpris un Arreſt de la Cour des Aydes, le vingt-deux Novembre dernier : Que ladite Requeſte ſera communiquée auſdits Jurez Braſſeurs, par eux ouys & leur réponſe vûë être ordonné ce qu'il appartiendra ; Et enjoint au Procureur General de la Cour des Aydes, d'envoyer inceſſamment au Conſeil les motifs de l'Arreſt de ladite Cour.

SUITE DE LA TABLE

DES ARRESTS DU CONSEIL, Concernant les Fermes Royales-Unies, comprises au Bail fait sous le nom de Maître Thomas Templier, donnés pendant les mois de Janvier, Février & Mars 1698.

Du quatre Janvier 1698.

RREST du Conseil d'Etat, qui ordonne que dans trois jours de la signification du present Arrest, les Srs Chastelain & Monpellier, seront tenus de signer le Sous-Bail du Controlle des Exploits de la Ville & Election de Paris, pour la somme de Quatre-vingt-dix-sept mille livres par an, & en payer le quartier d'avance : Et faute de ce faire, qu'il sera pardevant Monsieur Darmenonville, procedé aux publications, encheres & adjudications de ladite Sous-Ferme, pour les six années du Bail de Maître Thomas Templier, à leur folle enchere, & qu'ils seront contraints au payement du prix d'icelle, par les voyes ordinaires, &c.

Du 14. Janvier 1698.

Arrest du Conseil d'Etat, qui ordonne, sans avoir égard à l'adjudication de la Sous-Ferme des Domaines des Generalités de Poitiers, Limoges & la Rochelle, faite au profit de Joseph Monier, que Sa Majesté a cassé & annullé : Qu'il sera pardevant Monsieur d'Armenonville, procedé à nouvelles publications & adjudication de ladite Sous-Ferme, pour les six années du Bail de Maître Thomas Templier, sur l'offre de Cent cinquante mille livres, & le Sr Blanche, déchargé de son cautionnement.

Du 14. Janvier 1698.

Arrest du Conseil d'Etat, qui reduit & modere à la somme de Treize livres six sols huit deniers, le droit du Procureur du Roy au Grenier à Sel d'Auxerre, pour ses Conclusions & Vacations, au sujet de l'introduction de la nouvelle Tremuye, laquelle somme il retiendra sur celle de Cinquante-six livres par luy exigée, & le surplus sera par luy restitué à Thomas Templier, & à son refus contraint.

Du 14. Janvier 1698.

Arrest contradictoire du Conseil d'Etat, qui ordonne ayant égard à la Requeste des Chantres, Chanoines & Chapitre de Saint Honoré, du consentement du Controlleur du Domaine, que l'Arrest contradictoire du Conseil du vingt-sept Juin 1697. sera executé : Et fait deffenses à Maître Matthieu Brunet, Fermier des cens & rentes du Domaine de la Ville & fauxbourgs de Paris, de troubler ledit Chapitre dans la possession de la directe, sur les maisons dépendantes du fief de Froidmanteau, &c.

Du 14. Janvier 1698.

Arrest du Conseil d'Etat, qui renvoye la Requeste de Thomas Templier, contre les Proprietaires de Salins, de Peirac, Sijean & Mandirac, à Monsieur de Basville, Conseiller d'Etat, Commissaire departi en Languedoc, pour sur icelle entendre lesdits Proprietaires, & le Directeur de Templier, dresser procés verbal de leurs dires & contestations, pour sur iceluy veu avec son avis, être fait droit ainsi qu'il appartiendra.

Du 21. Janvier 1698.

Arrest du Conseil d'Etat, sur la Requeste de Thomas Templier, contre plusieurs bandes de Faux-Sauniers, composés de Soldats, Deserteurs, Païsans & Bandis : Qui renvoye les Soldats & Deserteurs, impliqués dans ledit faux-saunage, au Conseil de guerre qui sera tenu à cet effet par les Officiers des troupes qui sont en garnison à Saint Quentin, pour y être jugés militairement, conformément aux Ordonnances ; & à l'égard des faux-sauniers détenus dans les Prisons, ordonne que leur procés leur sera fait & jugé en dernier ressort, par Monsieur Bignon, Intendant en Picardie & Artois, en tel Presidial qu'il voudra choisir, &c.

Du premier Fevrier 1698.

Resultat du Conseil d'Etat, qui accepte les offres de Maître Loüis le Blanc. Et en consequence ordonne qu'il jouira pendant cinq années huit mois, à commencer de ce jourd'hui, des droits sur le Poisson de Mer, frais, sec, salé, & du droit Domanial de la petite coûtume appellée la Boëte au poisson, ainsi qu'en ont joui les anciens Fermiers, moyennant Deux cens mille livres par an, &c.

Du 4. Février 1698.

Arrest contradictoire du Conseil d'Etat, qui maintient & garde les Maire, Echevins & Communauté de la ville de Blois, dans le droit & jouissance de l'Octroy de Trois livres, pour chacun muid de Sel passant sous les Ponts de lad. Ville : Et en consequence ordonne que Maître Thomas Templier payera au Receveur des Octrois d'icelle, ledit droit de tous les Sels qui ont passé sous lesdits Ponts, &c.

* *Du 11. Février 1698.*

Arrest du Conseil d'Etat, qui ordonne que les pourveus des Offices de distributeurs de papier & parchemin timbrés, ou les Commis à la fonction d'iceux, à l'exception de ceux de la Ville & Fauxbourgs de Paris, reservés par l'Edit du present mois, seront tenus de remettre és mains des Sous-Fermiers de Maître Thomas Templier, ses Procureurs ou

Commis, les papiers & parchemins timbrés dont ils se sont trouvés chargés au premier jour du present mois, ou leur en payer la valeur, à peine d'y être contraints, &c.

Du 11. *Février* 1698.

Arrest du Conseil d'Etat, qui ordonne que pardevant Monsieur d'Armenonville, Conseiller d'Etat ordinaire, Intendant des Finances, il sera de nouveau procedé aux publications, & à l'adjudication de la sous-ferme des Domaines de la Province de Dauphiné, à la folle enchere du Sr Rochette, au payement de laquelle il sera contraint en vertu du present Arrest, qui sera executé, &c.

* *Du* 18. *Février* 1698.

Arrest du Conseil d'Etat, qui ordonne que les Officiers du Grenier à Sel de Beaufort en vallee, assisteront chacun dans les années de leur exercice seulement, au Grenier les jours d'ouvertures d'iceluy, pour être presens à la distribution du Sel, & en faire l'enregistrement sur leur Registre, à mesure que le Receveur en fera l'appel, sans luy faire changer l'ordre de son Registre, ny l'obliger à faire aucune Recette dans le Grenier : Avec deffenses ausdits Officiers de troubler ledit Receveur dans sa recette & fonction, toucher à la Tremuye, faire faire la distribution au peuple autrement que conformément aux Ordonnances, ny faire délivrer aucuns Sels de gratification ou autres, que suivant les Etats arrêtés au Conseil ou ordres de l'Adjudicataire, à peine d'en payer le prix, &c.

Du 18. *Février* 1698.

Arrest du Conseil d'Etat, sur la Requeste de Maître Thomas Templier, contre les Capitaine & Gardes de la Brigade de Calais, qui ont laissé entrer à prix d'argent dans ladite Ville, quatorze Barils & demy de Moluës, pour plusieurs Marchands, sans avoir été déclarés au Bureau : Qui ordonne que par Monsieur Bignon, Conseiller d'Etat, Commissaire départi en la Generalité d'Amiens & pays conquis, ou son Subdelegué, il sera informé des faits contenus en lad. Requeste, circonstances & dépendances, & le procés fait aux Auteurs & complices des vols, dont il s'agit, jusqu'à Jugement difinitif exclusivement, pour le tout veu & rapporté au Conseil, y être pourveu ainsi qu'il appartiendra.

Du 18. *Février* 1698.

Resultat du Conseil d'Etat, qui accepte les offres de Maître Thomas Templier : Et en consequence ordonne qu'il jouira des droits sur le Poisson d'eau douce ; de ceux attribués aux Offices de vendeurs de Veaux, Volaille, Gibier, Cochons de lait, Agneaux, Chevreaux, Beures, Oeufs & Fromages, de la Ville & Fauxbourgs de Paris ; de ceux du Controlle & marque de l'or & de l'argent, & des deux sols pour chacun Controlle des Exploits, à commencer dans les tems y specifiés, pendant le reste du cours de son Bail, moyennant Douze cens mille livres par an, &c.

Du 25. *Février* 1698.

Arrest du Conseil d'Etat, sur la Requeste de Thomas Templier, contre les nommés Sauvrat Mareschal au Fauxbourg de l'Hôpital de la ville de Riom, & Boüillard son voisin & autres, qui ont frappé à coups de marteaux deux Cavaliers ou gardes des Gabelles & les ont laissés pour morts sur le pavé : qui ordonne avant faire droit, que les informations faites tant par le Juge des Gabelles à Riom, qu'autres Juges, seront incessamment envoyés au Greffe du Conseil ; & que l'instruction de la procedure criminelle sera continuée jusqu'à Jugement diffinitif, par ledit Juge des Gabelles, nonobstant oppositions ou appellations.

Du 25. *Février* 1698.

Arrest du Conseil d'Etat, sur la Requeste de Maître Thomas Templier, contre le nommé la Vigne, Marchand de la ville de Marseille, saisi par les Gardes de la Brigade de la Ferme, de quatorze pieces & demie de Toile indienne, qui sont Marchandise de contrebande; lequel la Vigne & les gens attroupés avec luy ont blessé grievement à coups de pierres un desdits Gardes : Qui ordonne, que par Monsieur le Bret, premier President & Intendant en Provence, ou son Subdelegué, il sera passé outre à l'instruction du procés criminel, commencé contre ledit la Vigne & ses complices, & sur la demande à fin de confiscation, jusqu'à Jugement diffinitif, Sa Majesté en attribuant à cette fin audit Sieur le Bret, toute jurisdiction & connoissance, icelle interdisant à toutes ses autres Cours & Juges.

Du 25. Février 1698.

Arrest contradictoire du Conseil d'Etat, qui ordonne, ayant égard aux offres des Fermiers de Monsieur le Duc de Savoye, de subroger Templier au Traité que ledit Sieur Duc leur a fait, pour l'enlevement & voiture des Sels de Peccais en Savoye, à raison de Trois livres dix sols le Minot : que ledit Templier, sera tenu d'accepter ladite subrogation dans huitaine; sinon que l'Arrest du Conseil & Lettres Patentes sur iceluy du quatre Avril 1637. ensemble l'Ordonnance des Tresoriers de France de Montpellier du vingt-quatre Decembre dernier, seront executés; Et fait deffenses audit Templier & tous autres de les troubler dans l'enlevement desdits Sels, à peine, &c.

Du 11. Mars 1698.

Arrest contradictoire du Conseil d'Etat, qui ordonne, sans s'arrêter aux Arrests de la Cour des Aydes de Paris, des 15. Mars & vingt-deux Novembre dernier, rendus en faveur des Jurez de la Communauté des Marchands Brasseurs de Bierres de ladite Ville & Fauxbourg, que Sa Majesté a cassés & annullés : Que les Articles IV. & V. du Titre des droits sur les Bierres, de l'Ordonnance des Aydes du mois de Juin 1680. seront executés; ce faisant que le droit de Controlle desdites Bierres sera perçû par les Fermiers, leurs Commis & Preposez, sur le nombre & la continance des Vaisseaux, à mesure qu'ils seront remplis, sans aucune diminution, si mieux ils n'aiment le percevoir sur le pied de l'épalement des Chaudieres, à la diminution du quart, & que les contraintes de Templier seroient executées.

Du 11. *Mars* 1698.

Resultat du Conseil d'Etat, qui accepte les offres de Maître Nicolas Chouquet; & en consequence, ordonne qu'il jouira pendant cinq années six mois & demy, à commencer au quinze du present mois, du droit de Trente-cinq sols pour muid de Bierre, tant forte que petite, jauge de Paris, & autres vaisseaux à proportion, pour être par luy perçûs en la forme & maniere portée par l'Edit du mois d'Aoust 1697. moyennant Soixante mille livres par an, &c.

Du 18. *Mars* 1698.

Arrest contradictoire du Conseil d'Etat, qui subroge Maître Thomas Templier, au Bail fait par les Proprietaires des Salines de Narbonne, Peirac, Sijean & Mandirac, à Maître François Roquefort, dont le prix a été reduit à Sept mille cinq cens livres par chacun an, & ce pour le tems qui reste à courir dudit Bail, à commencer la jouissance l'année presente, aux clauses & conditions portées par iceluy; sans que pour ladite subrogation, ledit Roquefort puisse prétendre aucune indemnité, contre lesdits Proprietaires & Templier: Et enjoint à Monsieur de Basville, Commissaire départi en Languedoc, & aux Tresoriers de France de Montpellier, de tenir la main à l'execution du present Arrest, qui sera executé, &c.

Du 18. *Mars* 1698.

Arrest contradictoire du Conseil d'Etat, qui ordonne, sans s'arrêter au Bail fait par Thomas Templier, au Sieur Plos, le seize Janvier dernier, que Sa Majesté a cassé & annullé: Que sur l'offre faite par le Sr Jean Vaissiere & ses Cautions, il sera procedé aprés une publication sur l'enchere courante de Deux mille livres, à l'adjudication au plus offrant & dernier encherisseur, de la Ferme Generale de toutes les Chambres à Sel du haut Languedoc, aux clauses & conditions portées par ledit Bail, & que Bail sera passé & delivré par ledit Templier, à l'Adjudicataire, en donnant bonnes & suffisantes Cautions; sauf les tiercemens & triplemens qui seront reçûs dans les tems & délais ordinaires, &c.

Du 25. *Mars* 1698.

Arrest contradictoire du Conseil d'Etat, qui ordonne, sans s'arrêter à la Requeste & opposition de Joseph Dufresne & ses Cautions, dont Sa Majesté les a déboutés, que l'Arrest du vingt-cinq Fevrier dernier, sera executé; & en consequence de l'acceptation de Thomas Templier, des offres à luy faites par les Fermiers de Savoye, pour la subrogation au Traité du chargement & voitures des Sels audit Pays, que lad. subrogation aura lieu au profit dudit Templier, au prix de trois livres dix sols le Minot, en payant suivant ses offres, pour ce que ledit Dufresne a chargé & voituré jusqu'à present, à raison de ce qu'il a payé aux Entrepreneurs de la voiture des Sels en Dauphiné & Provence; sauf audit Dufresne & ses Cautions, à se pourvoir ainsi & contre qu'ils aviseront bon être.

Du 25. *Mars* 1698.

Arrest du Conseil d'Etat, qui ordonne que le Sr Despreaux, President au Grenier à Sel de Caën, procedera incessamment à la reception du Serment des Capitaine, Lieutenant & Archers preposez pour la Garde des Fermes du Roy, & à l'Enregistrement des Commissions qui leur ont été délivrées à cet effet par Maître Thomas Templier, en payant par eux les droits reglés par l'Arrest du quinze Octobre dernier, à peine d'interdiction, dépens, dommages & interêts.

SUITE DE LA TABLE DES ARRESTS du Conseil, Concernant les Fermes Royales-Unies, Comprises au Bail fait sous le nom de Maistre Thomas Templier, donnez pendant les mois d'Avril, May & Juin 1698.

Du huitiéme Avril 1698.

ARREST du Conseil d'Estat, Qui Ordonne que Me. Thomas Templier, Fermier general des Fermes Unies, joüira jusqu'à la fin de son Bail, des Deux sols par Controlle d'Exploits, Réunis par Declaration du dix-huit Février dernier: A l'Exercice desquels Controlles il pourra commettre telles personnes que bon luy semblera, qui recevront les Six sols par chacun Controlle d'Exploits, à la charge d'en Compter; Si mieux n'aiment les Sous-Fermiers des Domaines chacun dant l'Estenduë de leurs Sous-Fermes, faire la Perception desdits Deux sols, & d'en Compter audit Templier, sans frais, &c.

Du huit Avril 1698.

Arrest du Conseil d'Estat, Sur la Requeste de Me Thomas Templier, pour le payement des Droits d'Entrées, de Cent trente une Futailles de Sucre brut provenant de la Prise nommée Woalques, dont Jacques Allard, Marchand de la Ville de Dieppe, s'est rendu Adjudicataire, suivant sa Declaration au Bureau des Traittes de Morlaix, pour estre rafinez à Dieppe: Qui Ordonne avant faire droit sur ladite Requeste, qu'elle sera communiquée audit Allard, pour sa Reponse veüe dans quinzaine du jour de la Signification dudit Arrest, estre fait droit ainsi qu'il appartiendra.

Du quinze Avril 1698

Arrest du Conseil d'Estat, Qui Ordonne que les Sous-Fermiers du Timbre des Generalitez y specifiez, joüiront à commencer du premier Février dernier, du Sol pour livre qui estoit attribué aux Distributeurs du Papier & Parchemin Timbré, Suprimez par Edit dudit mois de Février:

A la Charge qu'ils payeront outre & par dessus le prix de leurs Baux, à Me. Thomas Templier, par chacun an, les Sommes portées par leurs Soûmissions mentionnées au present Arrest; sans qu'ils puissent pretendre aucunes Indemnitez ny Diminutions, &c.

* *Du dix-neuf Avril 1698*

Arrest du Conseil d'Estat du Roy, Sa Majesté y estant, Qui Décharge pendant un an, à compter du premier May prochain, les Serges Imperiales de la Fabrique des Sevennes & de Gevaudan, qui seront envoyées en Italie & Levant par la Voye de Marseille par Mer, de la moitié des Droits de Sortie, &c.

* *Du vingt-deux Avril 1698.*

Arrest du Conseil Royal des Finances, Qui Ordonne que toutes les Marchandises & Munitions qui seront transportées pour les Troupes, Camps & Armées de Sa Majesté, pour les Vaisseaux & Galeres, & pour les Fortifications de ses Places, en vertu des Passeports qu'elle fera expedier, seront Exemptes de tous Droits d'Octroy, de Peages & autres, que ceux de ses Fermes, &c.

Du vingt-neuf Avril 1698.

Arrest Contradictoire du Conseil d'Estat, sur les Requestes & Memoires respectifs de Me. Thomas Templier, Adjudicataire General des Gabelles de France: Et par les Entrepreneurs des Voitures des Sels tant par Eau que par Terre, pour les Greniers qui se fournissent par la Riviere de Seine & autres y affluantes, sous le nom de François Blin. Qui Ordonne que dans trois jours aprés la Signification du present Arrest, les Cautions dudit Blin seront tenus de Signer & executer le Marché fait & arresté par ledit Blin, & Visé par le Sieur Gelée l'un de ses Cautions, pardevant Mousle Notaire le quatre du present mois, avec les Voituriers y desnommez: Sinon, Permet audit Templier & ses Cautions, de faire faire lesdites Voitures par lesdits Voituriers, aux Prix, Clauses & Conditions protées par le Traité fait entre luy & ledit Blin, qui demeurera resolu à son égard, & auquel lesdits Voituriers demeureront subrogez en vertu du present, en faisant leurs soûmissions, &c.

Du vingt-neuf Avril 1698.

Arrest du Conseil d'Estat, Qui Ordonne conformement à l'Arrest du Conseil du douze Mars dernier, Que sur l'Offre de la Somme de Cent-Soixante-neuf mil livres, faite par le Sieur Vaissiere & ses Cautions, Il sera procedé (si fait n'a esté) aprés une Publication faite sur l'Enchere courante de Deux mil livres, à l'Adjudication au plus Offrant & dernier Encherisseur, de la Ferme Generale de toutes les Chambres à Sel du haut Languedoc, aux mesmes Clauses & Conditions portées par le Bail fait le seize Janvier dernier, & le Bail passé par Thomes Templier, à l'Adjudicataire, en donnant bonne & suffisante Caution; Sauf les Tiercemens & Triplemens, qui seront receus, conformement à l'Ordonnance du mois de Juillet 1681.

Du vingt neuf Avril 1698.

Arrest du Conseil d'Estat, Sur la Requeste de Mr. Thomas Templier, sur un Conflit de Jurisdiction entre le Juge des Traittes de Vienne, & les Officiers de l'Eslection de ladite Ville: Pour une Saisie faite la nuit, par le Brigadier & Gardes des Fermes du Bureau d'Herieu, de deux Chevaux chargez de Tabac en poudre & de Poudre à Canon: Qui Ordonne avant faire droit sur la Competance, Que les Informations faites tant par les Officiers de l'Election, que par les Officiers des Traites de Vienne, seront incessament envoyées au Greffe du Conseil; Et cependant que l'Instruction du Procez sera continuée jusqu'à Jugement diffinitif, par lesdits Officiers des Traites, nonobstant Oppositions, Appellations, &c.

Du trois May 1698.

Arrest Contradictoire du Conseil d'Estat, Qui maintient & garde les Dames Religieuses & Convent de l'Abbaye de Fontevrault, dans le Droit de possession & joüissance où elles sont, de faire venir tous les ans, par Eau & par Terre, la quantité de Huit muids de Sel gris mesure de Paris, & un Poinçon de Sel blanc, de leurs Salines d'Ardellon prés Beauvais sur Mer; Ensemble les autres Provisions & Denrées necessaires à ladite Abbaye, franc & quitte de tous Imposts & Droits generalement: Et fait Deffenses à Templier, ses

Commis & Preposez, & à tous autres de les Troubler en la joüissance desdits Droits, Privileges & Exemptions, aux peines y portées, &c.

Du six May 1698.

Arrest Contradictoire du Conseil d'Estat, Qui Regle & Liquide l'Indemnité dûë à Jacques Mallard, Sous-Fermier des Salines & Domaines des trois Eveschez, de la Franche-Comté, de Lorraine & de Barrois, à la somme de Neuf cens mil livres par chacun an, pour la Distraction faite de son Bail, des Salines & Domaines de Lorraine & Barrois, à commencer du quatorze Decembre dernier; Au moyen de quoy son Bail demeurera reduit & fixé à celle de Huit cens cinquante mil livres par an: Et en consequence qu'il sera fait diminution à M^e^. Thomas Templier, desdits Neuf cens mil livres par an sur le prix de son Bail, en vertu du present Arrest.

* *Du treize May 1698.*

Arrest du Conseil d'Estat du Roy, Qui Ordonne que les Droits d'Entrée du Royaume, Reglez par le Tarif du dix-huit Septembre 1664. & Arrests en consequence, sur les Bestiaux venans des Païs Estrangers, seront reduits & moderez pendant deux années, à commencer du premier Juin prochain, sçavoir, les Moutons & Brebis, à Cinq sols: Et les Bœufs & Vaches gras & maigres à Trois livres.

* *Du treize May 1698.*

Arrest du Conseil d'Etat, Qui Declare l'Arrest du dernier Aoust 1688. obtenu par Pierre Domergue, commun avec M^e^. Thomas Templier & ses Cautions, du Bail courant des Fermes Unies: Et fait Deffenses à tous Huissiers & Sergens de faire aucunes Contraintes contr'eux, pour raison desdites Fermes, qu'aprés avoir remis les Arrests, Sentences & autres Pieces dont ils seront Porteurs, és mains de M^r^. Bartet, Receveur general d'icelles à Paris, pour estre communiquées aux Cautions dudit Bail, à peine d'Interdiction, &c.

Du treize May 1698.

Resultat du Conseil d'Estat, Qui accepte les Offres de Pierre Vaillant; Et en consequence Ordonne qu'il joüira pendant cinq années quatre mois qui commenceront au premier Juin prochain, des Vingt sols Ordonnez par l'Edit du mois d'Avril 1696. estre levez par Augmentation, sur chacun Minot de Sel vendu & distribué dans tous les Greniers & Chambres des Gablles de Lionnois : Et des Dix sols qui se levent aussi par Augmentation, dans les Greniers & Chambres des Provinces de Languedoc, Roussillon, Provence & Dauphiné, moyennant Cent Soixante-dix mil livres par an, qu'il payera à M^e. Thomas Templier, de mois en mois, & ledit Templier au Tresor Royal, dans les mesmes Termes, &c.

Du treize May 1698.

Arrest du Conseil d'Estat, Sur la Requeste de Thomas Templier, Qui Ordonne avant faire droit, qu'elle sera Communiquée aux Maire & Eschevins de la Ville de Châlons sur Saone, & qu'ils representeront au Conseil, les Lettres de Concession de l'Octroy, en vertu duquel ils pretendent faire lever des Droits sur les Sels passant & traversant ladite Ville, pour le Fournissement des Greniers de la Province de Bourgogne; Et cependant fait Deffenses de lever ledit Octroy, sur les Chars & Charettes chargez de Sel, passant & traversant ladite Ville, jusqu'à ce qu'autrement en ait esté Ordonné, &c.

Du vingt May 1698.

Arrest du Conseil d'Estat, Qui Ordonne l'Execution de l'Arrest dudit Conseil du vingt-un Janvier dernier, Qui renvoye au Conseil de Guerre des Officiers des Troupes estant en Garnison à Saint-Quentin, le Jugement de quelques Soldats & Deserteurs impliquez dans un Crime de Faux-Saunage; Et Renvoye à Monsieur Bignon les autres Faux-Sauniers, pour estre par luy jugez en dernier ressort, Et que les Charges, Informations & toute la Procedure Criminelle faite par les Officiers des Gabelles au Grenier à Sel de Saint Quentin, Contre les Faux-Sauniers Capturez à Clery & Lizerolles, seront portez par le Greffier de ladite Jurisdiction, au Greffe dudit Sieur Bignon, pour estre l'Instruction continuée, par tel Subdelegué qu'il voudra commettre, & en suite le Procès, circonstances & dependances jugé ainsi qu'il est Ordonné par ledit Arrest.

Du dixiéme Juin 1691

Arrest du Conseil d'Estat, Qui Ordonne qu'à l'avenir à commencer du jour de la Publication & Enregistrement du present Arrest, aux Jurisdictions de l'Election & des Traittes Foraines, dans l'estenduë desquelles sont le Lieu de Gastebarre & les Paroisses & Hameaux circonvoisins y specifiez, seront reputez Estrangers de la Province de Poitou & des autres Provinces des Cinq grosses Fermes, & seront sujettes aux Droits de Sortie & d'Entrée : Et en consequence que le Bureau estably audit Lieu, sera levé & osté, &c.

Du dix-sept Juin 1698.

Arrest du Conseil d'Estat, Qui Ordonne qu'à commencer du jour de l'expiration des six mois, aprés la publication de la Paix, Thomas Templier, Adjudicataire General des Fermes Unies ou ses Sous-Fermiers, continuëront la Levée & Perception des Droits de Jauge & Courtage, Restablis par la Declaration du quatre Octobre 1689. Et de ceux Imposez par Augmentation, sur le Papier & Parchemin Timbré, en consequence de celle du dix-huit Avril 1690 jusqu'à ce que par Sa Majesté il en ait esté autrement Ordonné, à la charge de Compter desdits Droits, outre & pardessus le prix de leurs Baux.

Du dix-sept Juin 1698.

Arrest du Conseil d'Estat, Sur la Requeste de M[e]. Thomas Templier, en Execution d'un Arrest du dix-huit Septembre 1691. sur la Requeste de Pierre Domergue, à ce qu'il plust à Sa Majesté Ordonner que dans quinzaine les Collecteurs des Tailles du Duché de Bourgogne, seroient tenus, à peine de Vingt-quatre livres d'Amende, de fournir aux Commis de chacun Grenier, une Copie des Rolles des Tailles, contenant les Noms, Qualitez & Emplois des Habitans, les Sommes ausquelles les Contribuables sont Imposez, & le nombre des personnes dont chaque Famille est composée, pour en estre fait un Sexté : Qui Ordonne que les Eleus ou Sindics de la Province de Bourgogne, seront Oüys sur les fins de ladite Requeste, en presence des Commis dudit Templier, pardevant Monsieur Ferrand, Maistre des Requestes, Commissaire departy dans ladite Province, dont sera par luy dressé Procez verbal, pour iceluy vû & raporté au Conseil, avec son Avis, estre Ordonné ce qu'il appartiendra.

Du dix-sept Juin 1698.

Arrest du Conseil d'Estat, Sur la Requeste de Me. Thomas Templier : Contre les Voituriers employez par luy, pour Voiturer du Sel du Depost de Toulon en Bourgogne, en celuy d'Autun, & autres leurs Complices, qui ont volé partie desdits Sels : Qui Ordonne que par Monsieur Ferrand, Commissaire Departy en la Province de Bourgogne, ou par l'un de ses Subdeleguez, le Procés commencé contre les Accusez, sera continué ; A l'effet dequoy les Charges & Informations faites par les Officiers des Greniers à Sel, seront portées au Greffe dudit Sieur Ferrand, pour aprés l'Instruction faite, estre ledit Procés jugé en dernier ressort, par ledit Sieur Intendant, en telle Jurisdiction qu'il voudra choisir, ou le nombre de Graduez portez par l'Ordonnance, Sa Majesté luy en attribuant toute Cour, Jurisdiction & Connoissance, & icelle interdite à toutes ses Cours & Juges.

* *Du vingt Juin 1698.*

Arrest du Conseil d'Estat du Roy, Qui Ordonne que les Sucres bruts des Isles de l'Amerique, Payeront à leur Entrée dans le Royaume, Trois livres seulement du Cent pesant ; Les Sucres terrez Quinze livres du Cent pesant ; Et les Sucres en pain rafinez ausdites Isles Vingt-deux livres dix sols, comme les Sucres Estrangers. Et Permet aux Negocians François, de porter à droiture les Sucres terrez & rafinez desdites Isles, dans les Païs Estrangers, en payant les Droits dûs au Domaine d'Occident ; A condition que leurs Bâtimens reviendront desdits Païs en France, pour y faire leur Decharge, à l'effet de quoy ils donneront leurs Soûmissions & Cautionnemens, aux peines y portées, &c.

* *Du vingt Juin 1698.*

Arrest du Conseil d'Estat du Roy, Qui Ordonne que dans Six mois, à compter du premier Octobre prochain, les Habitans de Saint Christophle qui y possedoient des Terres, seront tenus d'y retourner & de les mettre en Cultures de Sucres, Vivres ou d'autres Denrées necessaires pour la Subsistance & le Commerce de la Colonnie ; Faute de quoy, veut qu'elles soient Reünies à son Domaine, & fait de nouvelles Concessions, &c.

SUITE DE LA TABLE

DES DECLARATIONS DU ROY, ET ARRESTS DU CONSEIL,

Concernans les Fermes Royales Unies, Comprises au Bail fait sous le nom de Me. Thomas Templier, donnez pendant les mois de Juillet, Aoust & Septembre 1698.

* *Du premier Juillet 1698.*

DECLARATION du Roy, Qui Ordonne que la Levée des Trois livres par Augmentation sur chaque Minot de Sel, Vendu & Imposé dans les Greniers des Gabelles de France & Lyonnois, & des Quarante sols sur Minot, Vendu en Dauphiné, Provence & Languedoc, Imposez par les Declarations des vingt-deux Février & vingt-cinq Octobre 1689. Sera Continuée, jusqu'à ce qu'autrement en ait esté Ordonné: Registrée en la Cour des Aydes.

* *Du premier Juillet 1698.*

Arrest du Conseil d'Estat, Qui Ordonne qu'en attendant l'Enregistrement de la Declaration du Roy de cejourd'huy, les Soixante sols par minot dans l'étenduë des Gabelles de France & Lyonnois, & les Quarante sols dans celle des Gabelles de Languedoc, Provence & Dauphiné, seront levez par Mr. Thomas Templier, Fermier General desdites Gabelles.

* *Du premier Juillet 1698.*

Arrest du Conseil d'Estat, sur la Requeste de Mes. Pierre Pointeau & Thomas Templier, successivement Fermiers Generaux des Gabelles, Cinq grosses Fermes & autres Unies : Qui fait Deffenses aux Receveurs des Amendes, & aux Sous-Fermiers des Domaines, de s'immiscer au Recouvrement & en la Perception des Amendes adjugées & à adjuger, ausdits Pointeau & Templier, pour le fait des Gabelles, cinq grosses Fermes & autres Unies, autres que celles du Domaine ; A peine de Trois mil livres d'Amende, & tous Dépens, Dommages & Interests.

Du premier Juillet 1698.

Resultat du Conseil, Qui accepte les Offres faites par Me. Thomas Templier ; Et en consequence Ordonne que pendant le temps qui reste à expirer de son Bail, à commencer au huitiéme jour du present mois, Il joüira des Droits de Jauge & Courtage sur les Vins, Eauës-de-Vies, Cidres, Poirez, Bierres & autres Boissons, Restablis par la Declaration du Roy du quatre Octobre 1689. A la charge par luy de payer au Tresor Royal, la somme de Neuf cens mil livres par chaque année, & à proportion pour les deux mois & vingt-quatre jours restans de la presente, &c.

Du deuxiéme Juillet 1698.

Arrest du Conseil d'Estat Privé du Roy, Qui Ordonne avant faire droit sur la Requeste de Me. Thomas Templier, concernant une Insulte faite à Claude Manseau & Germain Godain, Sergens-Collecteurs du Grenier à Sel de Moulins, chargez de la Contrainte du Receveur dudit Grenier, Contre plusieurs Redevables des Sels prestez des Villes & Villages du Departement de Verneüil, dont partie est és environs de Saint Pourçain, par les nommez Loisel, Desbillaux, Maremion & Bureau ; Que les Charges, Informations & autres Procedures Criminelles faites tant par les Officiers du Grenier à Sel de Moulins, que par les Juges de Saint Pourçain, seront apportées au Greffe du Conseil, pour le tout veu & rapporté, estre Ordonné ce qu'il appartiendra.

Du huitiéme Juillet 1698.

Resultat du Conseil d'Etat, Qui Accepte les Offres faites par Me. Jean Vignier ; En consequence Ordonne qu'il joüira ses Cautions, Commis & Preposez, pendant le temps qui reste à expirer du Bail de la Ferme Generale des Aydes fait à Me. Thomas Templier, à commencer au premier jour d'Aoust prochain, des Droits des Offices de Pourvoyeurs & Vendeurs d'Huitres en escailles de la Ville & Fauxbourgs de Paris, suitte de la Cour, lieux circonvoisins, & Province de Normandie, suivant l'Edit de leur Etablissement du mois d'Aoust 1691. Supprimé par Declaration de cejourd'huy : A la charge qu'ils ne pourront empêcher les Matelots & Pêcheurs d'aller à la Mer, huitrer & escailler leurs Huitres, & les vendre aux Chassemarés ; En payant par chacune année de son Bail la somme de Trente mil livres audit Templier, de quartier en quartier & par avance, &c.

Du huitiéme Juillet 1698.

Arrest du Conseil d'Etat, qui Evoque l'Instance pendante en la Cour des Aydes de Paris, entre Me. Thomas Templier, Adjudicataire des Fermes du Roy : Et Me. Pierre Sauvage, Sous-Fermier des Droits sur les Bois entrans dans la Ville & Fauxbourgs de Paris, du Bail de Pierre Pointeau, sur l'Appel de la Sentence des Elûs de Paris, du vingt-deux Aoust 1697. Et faisant droit, Condamne Mathieu Huault à payer les Droits des Bois ouvrez & à bastir qu'il a fait entrer en ladite Ville & Fauxbourgs de Paris, provenans des Adjudications de la Couppe des Bois à luy faite de la Forest de Crecy ; Et ce nonobstant l'Arrest du Conseil du dix-neuf Février 1695 & autres rendus en faveur des Adjudicataires des Bois du Domaine de Sa Majesté, par lesquels Elle n'a pretendu Deroger à l'Article premier du Titre des Droits ſur le Bois dans Paris, de l'Ordonnance du mois de Juin 1680. qui ſera executé ſelon ſa forme & teneur.

Du neuf Juillet 1698.

Arreſt du Conſeil d'Etat Privé du Roy, Sur la Requeſte de Thomas Templier, Adjudicataire General des Fermes de France, Convoy & Comptablie de Bordeaux, Concernant Cinq Ballots de Marchandiſes de Contrebande, & un Paquet de Bas, déchargés & entreposés en fraude au Port de Margeux, chez Marc Naude Baſtelier, & Pierre Bibian, Meûnier du Moulin de Margault, enlevez par le Sieur Luſcombes, Procureur du Roy au Siege de Guyenne : Qui Ordonne que ledit Procureur de Sa Majeſté de Bordeaux, & leſdits Naudé & Bibian feront Aſſignez au Conſeil, aux fins de ladite Requeſte, pour Parties ouyes leur eſtre fait Droit ainſi qu'il appartiendra, & leur fait Deffenſes de faire pourſuittes ny procedures ailleurs, à peine de nullité, &c.

Du douze Juillet 1698.

Arreſt du Conſeil d'Eſtat, Qui Ordonne conformément aux Declarations des vingt-deux Fevrier, vingt-cinq Octobre 1689. & du premier du preſent mois ; Et en interpretant l'Arreſt dudit Conſeil du premier dudit preſent mois, Que la Levée des Trois livres par Minot de Sel vendu par Vente volontaire & par Impoſt dans l'étenduë des Gabelles de France & Lyonnois, & de Quarante ſols par Minot dans l'étenduë des Gabelles de Provence, Dauphiné & Languedoc, ſera continuée, ſans y comprendre le Rouſſillon, lequel ſera excepté dudit Droit, comme il a eſté juſqu'à preſent.

* *Du quinze Juillet 1698.*

Arreſt du Conſeil d'Eſtat, Qui Permet à M^e^. Thomas Templier, Fermier General des Fermes Royales Unies, de Rembourſer dés à preſent tels Receveurs des Fermes en Titres qu'il jugera à propos, jusqu'à concurrence de Quatre cens mil livres, au de-là des 400000 livres destinées pour la premiere année, faisant ensemble Huit cens mil livres, suivant les Liquidations qui en seront faites au Conseil par les Sieurs Commissaires à ce deputez, dont sera tenu Compte audit Templier par Sa Majesté, sur le prix de son Bail, conformément au Resultat du trente Avril 1697.

Du quinze Juillet 1698.

Arrest du Conseil d'Estat, sur la Requeste des Presidents, Grenetier, Controlleur & Procureur du Roy du Grenier à Sel de Saint Quentin : Qui Ordonne que les Procedures en commencées par les Officiers du Grenier à Sel de Saint Quentin, contre les Coupables & Complices du Faux-Saunage, arrestez dans les Villages de Claris & Liserolle, seront continuées pardevant Monsieur Bignon, Conseiller d'Estat, Commissaire departy en la Generalité d'Amiens, & leur Procés instruit, fait & parfait, & jugé en dernier ressort par ledit Sieur Bignon, avec les Officiers du Grenier à Sel, & le nombre des Graduez requis par l'Ordonnance, luy attribuant à cette fin toute Cour, Jurisdiction & connoissance, & icelle interdite à toutes Cours & Juges, nonobstant & sans s'arrester aux Arrests du Conseil des vingt-un Janvier & vingt May 1698.

Du quinze Juillet 1698.

Arrest du Conseil d'Estat, Qui Ordonne que pardevant Monsieur de Basville, Conseiller d'Estat, Commissaire departy en Languedoc, Il sera procedé à la Publication & Adjudication au rabais des Ouvrages & grosses Reparations à faire tant au Corps de Garde des Salins de Periac, qu'à la Maison qui appartient au Roy dans la Ville d'Agde, destinées pour le Bureau des Fermes, conjointement ou separement, & sur les Devis qui en seront faits par ses Ordres, dont le prix sera payé par Me. Thomas Templier, auquel Sa Majesté en tiendra Compte sur le prix de son Bail, en rapportant les Devis, Adjudication au rabais, Procez-verbaux de Visite & Reception des Ouvrages & Quittances sur ce suffisantes, en vertu du present Arrest.

Du vingt-deux Juillet 1698.

Resultat du Conseil Royal des Finances, Qui accepte les Offres & Conditions des Cautions de Me. Thomas Templier; Et en consequence Ordonne qu'il joüira des Trois livres d'Augmentation par Minot de Sel, dans l'étenduë des Gabelles de France & Lyonnois; Et de Quarante sols dans les Gabelles de Provence, Dauphiné & Languedoc, Imposés par Declarations des vingt-deux Février & vingt-cinq Octobre 1689. ainsi qu'il a esté Ordonné par celle du premier du present mois, tant que lesdites Augmentations auront lieu; A la Charge de payer au Tresor Royal, outre & pardessus le prix de leur Bail, la somme de Sept cens cinquante mil livres pour lesdites Augmentations, depuis le huit du present mois jusqu'au dernier Decembre prochain; Et du premier Janvier 1699. à raison de Dix-huit cens mil livres par an, dans les mêmes termes qu'ils payent le prix de leur Bail, dont ils feront leur Soûmission au Greffe du Conseil; Et seront toutes Lettres necessaires expediées.

Du vingt-neuf Juillet 1698.

Arrest du Conseil d'Etat, en forme de Reglement, pour la Fonction & Exercice des Receveurs des Greniers à Sel de la Ferme Generale des Gabelles, tant sur les Prests du Sel, que sur les Obligations du Sel presté, Endossement & Décharge d'icelles: Leur fait Deffenses de faire des Prests de Sel à gens inconnus, & que sur des Promesses & Obligations de ceux ausquels ils seront faits, à peine de demeurer garants desdits Prests; Et de faire faire des Obligations sous des Actions simulées & supposées, à peine d'estre punis comme Fausaires; Ordonne qu'ils tiendront un Registre paraphé, dans lequel ils écriront jour par jour toutes les Obligations qui leur seront fournies pour le Sel presté, & en marge les payemens qui leur seront faits à Compte d'iceluy, à peine de Cent livres d'Amende pour chacune contravention ; Et fait Deffenses aux Particuliers qui auront pris du Sel à credit ausdits Greniers, de le revendre ou donner en payement, & à toutes personnes d'en acheter aux peines de l'Ordonnance, &c.

Du vingt-neuf Juillet 1698.

Resultat du Conseil d'Etat, qui Accepte les Offres faites par Mr. Pierre le Blanc ; Et en consequence Ordonne qu'à commencer du huitiéme jour du present mois de Juillet, Il joüira pendant Cinq années vingt-quatre jours, qui finiront le dernier jour de Septembre 1703. des Droits Imposez par Augmentation sur le Papier & Parchemin Timbré, dans l'étenduë du Royaume où lesdits Droits sont establis, suivant la Declaration du Roy du dix-huit Avril 1690. A la charge par ledit le Blanc de payer au Tresor Royal, la somme de Quatre cens mil livres par chacune desdites cinq années, en douze Payemens de mois en mois, au premier jour de chacun d'iceux & à proportion pour les deux mois vingt-quatre jours, &c.

* *Du vingt-neuf Juillet 1698.*

Arrest du Conseil d'Etat, Qui Ordonne que Me. Pierre le Blanc joüira des Droits Imposez sur le Papier Timbré, par la Declaration du Roy du dix-huit Avril 1690. à commencer du huit de ce mois : Et que Me. Thomas Templier & ses Sous-Fermiers en continuëront la Levée ; A la charge de payer audit le Blanc le produit, à la deduction d'un Sol six deniers pour livre, que le Roy leur accorde pour tous frais de Regie & autres, &c.

* *Du cinq Aoust 1698.*

Arrest du Conseil d'Etat, Qui Ordonne que l'Article XIV. du Titre huit de la Distribution du Sel par Impost, de l'Ordonnance des Gabelles, du mois de May 1680. sera executé ; Et neanmoins Permet aux Collecteurs pour leur plus grande commodité, & du consentement du Fermier des Gabelles, de lever en une ſeule fois, tout le Sel de l'Impoſt de leur Paroiſſe, en vertu du preſent Arreſt; Que le Roy enjoint aux Officiers des Greniers d'executer.

Du douziéme Aouſt 1698.

Arreſt du Conſeil d'Etat, Sur la Requeſte de Mᵉ Thomas Templier, ſur une Obmiſſion faite de trente-huit Villages, dans les Rôlles des Paroiſſes diſtantes des trois lieuës des Limites du Cambreſis; Qui Ordonne que par Monſieur de Bagnols, Conſeiller d'Eſtat, Intendant en Flandres, Il ſera dreſſé un nouveau Rôlle de tous les Bourgs, Villages & Lieux dépendans du Cambreſis, ſituez dans l'étenduë des trois lieuës des Limites des dernieres Paroiſſes dépendantes de la Ferme des Gabelles de France, dans lequel ceux prétendus Obmis & d'autres qui ſe trouveront dans le meſme cas ſeront compris, s'ils ſe trouvent dans ladite étenduë, pour ledit Rôlle veu au Conſeil, eſtre Ordonné ce qu'il appartiendra.

* *Du douze Aouſt 1698.*

Arreſt du Conſeil d'Eſtat du Roy, Qui Ordonne que l'Execution de l'Arreſt dudit Conſeil du vingtiéme Juin dernier, pour l'Augmentation des Droits d'Entrée dans le Royaume, ſur les Sucres tirez & rafinez aux Iſles de l'Amerique, ne commencera que du premier Janvier prochain, &c.

Du douze Aouſt 1698.

Arreſt du Conſeil d'Eſtat, Qui Ordonne avant faire droit ſur la Requeſte de Mᵉ. Thomas Templier, Que par Monſieur de la Bourdonnaye, Mᵉ. des Requeſtes, Commiſſaire departy en la Generalité de Roüen, la Propoſition faite par ledit Templier, pour l'Augmentation d'un troiſiéme Magazin pour le Depoſt des Sels à Honfleur, ſera examinée; Et s'il la trouve neceſſaire, qu'il fera proceder pardevant luy à l'Eſtimation de deux petites Maiſons & portion de Jardin, pretendus neceſſaires pour la Conſtruction dudit 3ᵉ. Magazin, meſme au Devis & Eſtimation des Ouvrages

ges à faire, tant pour la Reparation du second Magazin, que pour la Construction du troisiéme : Pour son Procez verbal d'Estimation & celuy du Devis & Estimation desdits Ouvrages Veu au Conseil, avec son Avis, estre fait droit ainsi qu'il appartiendra.

Du douze Aoust 1698.

Arrest du Conseil d'Estat, Sur la Requeste de Thomas Templier, sur une Saisie faite par les Gardes des Fermes en Artois, de cinq cens Setiers de Bled, sur dix-neuf Charriots, prés le Bourg de Mailly, dont les Conducteurs n'estoient Porteurs d'aucun Acquit à Caution ny de Payement, appartenant à Catherine Petit : Qui Ordonne que par Monsieur Bignon, Conseiller d'Estat, Intendant en Picardie & Artois, il sera informé du Transport des Bleds fait à l'Estranger par ladite Petit, l'Information envoyée, veuë & rapportée au Conseil, estre Ordonné ce qu'il appartiendra ; Et fait Deffenses aux Parties de se pourvoir ailleurs qu'au Conseil, sur l'Usage des Acquits à Caution ou de Payement, à peine de nullité, Cassation de Procedures, Dépens, Dommages & Interests.

Du douze Aoust 1698.

Arrest du Conseil d'Estat, Sur la Requeste de Thomas Templier, contre le Sieur Fleury, Grenetier au Grenier à Sel de Chaumont en Bassigny, qui a de sa simple autorité escroüé & arresté dans les Prisons de Chaumont, le douze Juillet dernier, trois Gardes & un Huissier des Gabelles, pour avoir constitué un Faux-Saunier Armé qu'ils venoient de capturer, avec un Sac de Faux-Sel, trois autres Sacs ensalinez & les Armes de trois Faux-Sauniers qui s'estoient sauvez : Qui Ordonne que ledit Fleury se rendra incessamment à la suitte du Conseil, pour rendre compte de sa conduite, sur les faits articulez dans ladite Requeste & Pieces y jointes ; & cependant, l'a interdit des Fonctions de sa Charge, du jour de la Signification du present Arrest, qui luy sera faite à la Requeste dudit Templier.

Du dix-neuf Aoust 1698.

Arrest contradictoire du Conseil d'Estat, Qui Ordonne conformément à l'Avis des Sieurs de Bagnols & Voisin, que l'Arrest du Conseil du mois de Février 1618. qui a exempté les Habitans de la Frontiere d'Haynault, des Droits pour les Grains & Gerbes par eux recueïllis sur les Heritages à eux appartenans, & par eux Labourés & Ensemencés, pourveu qu'ils ne fussent pas éloignez de plus d'une lieuë de la Frontiere, & que le Transport se fit en temps de Moisson, sera executé & declaré commun pour les Habitans de la Frontiere de Cambresis & de l'Artois; A la charge par eux de fournir une fois à chaque changement de la Ferme Generale, ou du Proprietaire de la Terre, aux Bureaux des Traites, un Extrait des Titres de leur Proprieté, & de faire tous les ans Declarations aux mêmes Bureaux, de la quantité des Terres qu'ils auront ensemencées & dont ils veulent retirer la Recolte, & de payer les Droits pour toutes sortes d'autres Grains & Fruits, &c.

Du dix-neuf Aoust 1698.

Arrest contradictoire du Conseil d'Estat, sur les Requestes respectivement presentées par Me. Thomas Templier, Fermier General des Gabelles de France: Et Jacques Mallard, Fermier des Gabelles de la Franche-Comté, & des trois Evêchez de Metz, Toul & Verdun; concernant les Entreposts & amas de Sel dans l'étenduë des trois lieues des Frontieres; Et les Deffenses aux Juges de faire des enlevemens de Sel dans la Franche-Comté, &c. Qui renvoye les Requestes des Parties à Monsieur de Vaubourg, Commissaire departy dans le Comté de Bourgogne, pour les entendre sur icelles, dresser Procez verbal de leurs contestations, pour iceluy Veu au Conseil avec son Avis, estre fait droit ainsi qu'il appartiendra.

Du dix-neuf Aoust 1698.

Arrest du Conseil d'Estat, Qui Ordonne que sur la Demande

des Clercs-Siegez de Roüen, pour le payement de leurs gages, contre Charles Bombe, Sous-Fermier des Aydes de ladite Ville, & celle dudit Sous-Fermier en garentie, contre Thomas Templier, les Parties procederont au Conseil, & mettront dans un mois leurs Titres & Pieces pardevers le Sieur de Pontchartrain, Conseiller ordinaire au Conseil Royal, Contrôlleur General des Finances, pour ce fait estre fait droit ainsi qu'il appartiendra; Et leur fait Deffenses de proceder ailleurs à peine de nullité, &c. Nonobstant & sans s'arrester à la Sentence des Elûs du treize Janvier dernier & Procedures faites en consequence en la Cour des Aydes de Roüen.

* *Du vingt-six Aoust* 1698.

Declaration du Roy, par laquelle Sa Majesté Ordonne & Veut que les Particuliers qui feront Entrer de la Viande dans la Ville & Faux-Bourgs de Paris, sans en avoir fait Declaration & payé les Droits au Bureau d'Entrée, soient condamnez en cent livres d'Amende pour chaque contravention, & la Viande, chevaux, carrosses, charettes & autres Voitures sur lesquelles elle sera trouvée Entrer en fraude, confisquée au profit du Fermier, &c. Registrée en la Cour des Aydes.

* *Du vingt-six Aoust* 1698.

Arrest du Conseil d'Estat, Qui Ordonne que la Regie, Levée & Perception des Droits de Jauge & Courtage, sera faite par les Fermiers des Aydes, leurs Procureurs ou Commis: A la charge par ceux desdits Fermiers qui n'en seront pas Adjudicataires, d'en compter à M^e. Thomas Templier, Fermier General, ou à ceux à qui il en aura fait l'Adjudication, & de leur en payer le produit; à la déduction d'un sol pour livre pour tous frais de Regie, &c.

* *Du vingt-six Aoust* 1698.

Arrest du Conseil d'Estat, Qui subroge M^e. Thomas Templier, Fermier General des Fermes Unies, au Bail fait à M^e. Pierre le

Blanc, des Droits imposez par augmentation sur le Papier & Parchemin Timbré, par la Declaration du Roy du dix-huit Avril 1690. pour le temps qui reste à expirer de son Bail, à commencer au huit Juillet dernier, moyennant quatre cens mil livres par an.

* *Du vingt-six Aoust 1698.*

Arrest du Conseil d'Estat du Roy, Qui Ordonne que l'Arrest du Conseil du vingt-deux Mars 1692. Pour l'Entrée des Toilles, Boucassins, Treillis, Bazins, Bombazins & Futaines, des Païs Etrangers, par Roüen & Lyon: Et pour la Levée de huit livres pour piece de Toile de Lin, & quatre liv. par Piece de Chanvre & autres sera executé; à la reserve de celles du Crû & Païs des Suisses, que Sa Majesté veut estre conservez dans leurs Privileges & Exemptions, en rapportant des Certificats & prenant des Acquits à Caution aux Bureaux de Gex, Coulonges ou Saint Jean de Luz, à peine, &c.

Du vingt six Aoust 1698.

Arrêt contradictoire du Conseil d'Estat, Qui ordonne que les Arrests des vingt Février 1683. & vingt-cinq Novembre 1684. seront executez: Et en consequence, Fait Deffenses à l'Adjudicataire des Fermes Generales, ses Commis & Preposez, de Lever autres & plus grands Droits sur toutes les Denrées & Marchandises qui Entreront dans la Ville de Strasbourg, ou qui en Sortiront, que ceux portez par lesdits Arrests, nonobstant tous Arrests & Ordonnances à ce contraires.

Du vingt six Aoust. 1698.

Arrest du Conseil d'Estat, Qui Ordonne que l'Arrest du Conseil du dix-neuf Novembre 1697. sera executé, sans s'arrester à l'Arrest du Parlement de Dijon, du vingt-six Juillet dernier, Et en consequence, que M^e. Etienne Hallé, Receveur au Grenier de Montbar, sera tenu de remettre incessamment és mains du

Sieur Dorel, Commis par ledit Fermier à la Recete dudit Grenier, les Clefs & Registres d'iceluy, pour par ledit Dorel en faire la Recete ; Et qu'à ce faire il sera contraint par Corps, sauf à luy d'assister aux Distributions des Sels, jusqu'à la fin de la masse en Vente ; Et à remettre és mains du Sieur de Pontchartrain, les Titres de son Office, pour estre procedé à la Liquidation de sa Finance & à son Remboursement.

Du vingt six Aoust 1698.

Arrest du Conseil d'Estat, Sur la Requeste de Jacques Finet, Sous-Fermier des Droits sur le Papier & Parchemin Timbré, dans le Ressort du Parlement de Metz & Département de Sedan : Qui Ordonne qu'il rendra compte à M^e^. Thomas Templier, du produit des Droits de Formulle par luy receu dans l'étenduë de sa Sous-Ferme, depuis le premier Octobre 1697. & que le Bail qui luy en a esté fait, demeurera nul & résolu. Et qu'à la diligence dudit Templier, il sera incessamment procedé à nouvelle Publication de ladite Sous-Ferme, pour estre adjugée au plus Offrant & dernier Encherisseur en la maniere accoûtumée, se reservant de faire telle Indemnité, tant audit Templier, qu'audit Finet, aprés ladite Adjudication.

Du vingt sept Septembre 1698.

Arrest du Conseil d'Estat, Qui accorde Quatre Muids, six Setiers, deux Minots de Diminution, sur l'Impost du Sel fait sur les Paroisses des Greniers à Sel d'Issoudun ; Buzançois, la Châtre, & Argenton pour l'année 1699. Sçavoir, quatre Muids, neuf Setiers, deux Minots, sur les Paroisses du Grenier à Sel d'Issoudun ; Deux Muids, six Setiers, sur celle du Grenier à Sel de Buzançois ; Quatre Muids, deux Setiers, sur celles de la Chastre, & Trois Muids un Setier, sur celles du Grenier à Sel d'Argenton ; desquelles Diminutions il sera arresté un Estat de Repartition par Monsieur de Seraucourt, Conseiller, M^e^. des Requestes, Commissaire déparry en la Generalité de Bourges.

[illegible] Conseil par ledit Exécuteur [illegible]

[illegible]

[illegible]

[illegible]

SUITE DE LA TABLE DES ARRESTS DU CONSEIL

CONCERNANT les Fermes Royales Unies, & autres Droits y joints, compris au Bail fait sous le nom de Mr. Thomas Templier, pendant les mois d'Octobre, Novembre & Decembre 1698.

Du onze Octobre 1698.

ARREST du Conseil d'Etat du Roy, Qui Ordonne que les Habitans Incendiez du Bourg de Rosoy en Thierrache, dépendant de l'Election de Laon, ne seront Imposez pour l'Impost du Sel qu'à Huit Minots & demy, pendant cinq années consecutives, à commencer au premier Janvier de l'année prochaine 1699. A la charge par eux de résider sur les Lieux, & de faire rétablir leurs Maisons : Et Décharge François Robert, Collecteur de l'Impost, & lesdits Habitans Incendiez compris dans l'ancien Rôlle de l'Impost, de la somme de Dix-sept cens cinquante-deux livres quatre sols trois deniers, à laquelle monte tant le Quartier de Janvier de la présente année, que ceux d'Avril, Juillet & Octobre suivans; Et Ordonne qu'il en sera tenu Compte à Me. Thomas Templier, Fermier General des Gabelles de France, sur le prix de son Bail de ladite présente année, en rapportant le présent Arrest, &c.

Du onze Octobre 1698.

Arrest du Conseil d'Etat du Roy, qui Ordonne que les Habitans Incendiez du Bourg de Montcornet, dépendant de l'Election de Laon, ne seront Imposez pour l'Impost du Sel qu'à Six Minots un quart cinq pots & demy, pendant cinq années consecutives, à commencer au premier Janvier de l'année prochaine 1699. Et Décharge ceux compris dans l'ancien Rôlle de l'Impost, de la somme de cent cinquante-deux livres dix-sept sols, pour trois Minots sept pots, à laquelle monte la réduction de leurs Cottes pour les Quartiers de Juillet & Octobre de ladite presente année; de laquelle somme il sera tenu compte à Me. Thomas Templier sur le prix de son Bail, en rapportant le présent Arrest, &c.

Du onze Octobre 1698.

Arrest du Conseil d'Etat du Roy, qui Ordonne que les Habitans Incendiez du Bourg de Plomion, ne seront imposez pour l'Impost du Sel, qu'à Huit Minots trois quarts trois pots, pendant cinq années consecutives, à commencer au premier Janvier 1699. Et Décharge ceux compris dans l'ancien Rôlle de l'Impost, de la somme de cent cinq livres trois sols sept deniers, pour deux Minots sept pots, à laquelle monte la réduction de leurs Cottes pour le present Quartier d'Octobre; de laquelle il sera tenu compte à Me. Thomas Templier, sur le prix de son Bail, en rapportant le present Arrest, &c.

Du quatorziéme Octobre 1698.

Arrest du Conseil d'Estat, Qui Ordonne que la Sentence des Officiers du Grenier à Sel d'Ingrande, du vingt-un Avril dernier (Sur un Surmergement de Sel arrivé sur la Riviere de Loire) sera executée; Ce faisant, Permet aux Collecteurs de l'Impost de la Paroisse de Chalonne en Anjou, d'Imposer en la presente année 1698. la somme de Cent quarante-trois livres dix sols, pour le prix du Marchand de la quantité de Vingt Minots deux quarts de Sel, pour le Remplacement de celuy qui a esté Submergé, laquelle Imposition sera faite sur les Habitans de ladite Paroisse, à proportion de leurs Taxes, &c.

Du quatorze Octobre 1698.

Arrest du Conseil d'Estat, Sur la Requeste de M^e^. Thomas Templier, Fermier General des Fermes du Roy, sur une Emotion & Sedition Populaire, arrivée au Fauxbourg du Chef de la Ville de Rethel, Contre les Brigadier, Gardes des Gabelles & autres Officiers, qui vouloient faire Visite des Soldats du Regiment de Picardie, pour la Conservation des Droits desdites Fermes : Qui Ordonne que par Monsieur l'Archer, Intendant en Champagne ; Il sera Informé des faits contenus en ladite Requeste, circonstances & dépendances, pour estre le Procez fait & parfait aux Coupables, & jugé en dernier ressort par ledit Sieur l'Archer, appellé avec luy le nombre de Graduez requis par l'Ordonnance, leur en attribuant toute Cour & Jurisdiction, &c.

* *Du dix-huit Octobre 1698.*

Arrest Contradictoire du Conseil d'Estat du Roy, Qui Ordonne par provision & sans tirer à consequence, Que les Charbons de Terre provenans des Mines de la partie du Haynault renduë au Roy d'Espagne, payeront seulement Dix sols par Baril, à l'Entrée de la partie restée à Sa Majesté & de la Flandre Françoise ; Et fait deffenses de lever plus grands Droits.

Du vingt-un Octobre 1698.

Arrest du Conseil d'Etat, Sur la Requeste de M^e^. Thomas Templier, concernant la faculté à luy donnée par l'une des Clauses du Resultat du Conseil du trente Avril 1697. de continuer le Bail des Domaines, Barrages & Poids-le-Roy, fait à M^e^. Estienne Richer, ou le déposseder en le dédommageant : Qui Ordonne que ladite Requeste sera Communiquée aux Cautions dudit Richer, pour leur Réponse vûë estre Ordonné ce qu'il appartiendra.

Du vingt huit Octobre 1698.

Arrest du Conseil d'Etat, Qui Ordonne que ceux des Receveurs Generaux & Particuliers des Fermes, dont la Finance aura esté liquidée, ne pourront recevoir leur Remboursement, qu'ils n'ayent baillé bonne & suffisante Caution, jusqu'à la concurrence du montant de la Finance qui doit leur estre remboursée, &c.

Du vingt-huit Octobre 1698.

Arrest du Conseil d'Etat, Qui Ordonne que le Bail fait par Me. Thomas Templier, Fermier General des Fermes Unies, à Pierre Roudier & ses Cautions, de la Sous-Ferme des Aydes de l'Election de Meaux & Département de Crecy, sera executé : Ce faisant, faute par eux d'avoir payé audit Templier les Termes échûs dudit Bail, Qu'il sera procedé au Bureau General des Fermes Unies, ruë de Grenelle, aux Publications & Adjudication aprés trois remises de ladite Sous-Ferme, à la folle Enchere, risque, peril & fortune dudit Roudier & ses Cautions, pardevant Monsieur de Chamillart, Conseiller d'Estat Ordinaire, Intendant des Finances, Commis à cet effet, sans qu'il soit besoin de faire d'autres Significations qu'au domicile éleu par ledit Bail, ny apposer des Affiches qu'audit Bureau, &c.

Du quatre Novembre 1698.

Arrest du Conseil d'Etat, Qui Ordonne que sur la Demande respective de Nicolas Auvray, Sous-Fermier des Aydes & autres Droits y joints des Elections de Saumur, Montreüil-Bellay, la Fleche & Baugé, compris la Ville du Ludde, &c. Contre Daniel Maulgué, Sous-Fermier des Elections de Laval, Chasteau-Gontier, & du Departement de Sablé ; Et dudit Maulgué, contre Me. Thomas Templier, Fermier General des Fermes Unies : Les Parties procederont au Conseil, nonobstant les Assignations données pardevant les Elûs de la Fleche, ausquels

Sa Majesté fait deffenses de continuer l'Instruction du Procez dont il s'agit, & aux Parties de faire aucunes Procedures devant eux; Fait main-levée audit Maulgué des Saisies faites par Auvray, &c.

Du dix-huit Novembre 1698.

Arrest du Conseil d'Etat, qui Ordonne que le Bail fait par Me. Thomas Templier, à Charles Souverain & ses Cautions, de la Sous-Ferme des Aydes des Elections de Tours, Loches & Amboise, Papier & Parchemin Timbré de la Generalité de Tours, sera executé: ce faisant, faute par ledit Souverain & ses Cautions, d'avoir payé audit Templier les Termes échcus du prix dudit Bail, Qu'il sera procedé au Bureau General des Fermes-Unies sis ruë de Grenelle, aux Publications & à l'Adjudication aprés trois remises de ladite Sous-Ferme, à la folle Enchere, risque, peril & fortune dudit Souverain & ses Cautions, pardevant Monsieur de Chamillart, Conseiller d'Etat Ordinaire, Intendant des Finances, Commis à cet effet, sans qu'il soit besoin de faire d'autres Significations qu'au domicile éleu par ledit Bail, &c.

Du vingt cinq Novembre 1698.

Arrest du Conseil d'Etat, Qui Décharge l'Impost du Sel du Grenier à Sel d'Aubenton, pour l'année 1699. de la quantité de Vingt-un Minots, dont l'Imposition n'a pû estre faite sur le Bourg de Rosoy, montant à la somme de Neuf cens soixante dix-neuf livres treize sols; De laquelle somme il sera tenu Compte à Me. Thomas Templier, Fermier General des Gabelles de France, sur le prix de son Bail de ladite année, en rapportant le present Arrest.

Du vingt cinq Novembre 1698.

Arrest Contradictoire du Conseil d'Estat, Qui Permet aux Marchands & Negocians de la Ville de Lyon, de faire Entrer par le Bureau de Dortan, les Soyes & Estoffes de Soye qu'ils feront venir par Terre, en prenant par les Conducteurs & Voituriers, des Consignes ou Acquits à Caution audit Bureau de Dortan, par lesquels ils s'obligeront de Conduire lesdites Soyes en la Ville de Lyon, & de payer les Droits en la maniere accoûtumée, suivant les Tarifs & Arrests, & aux charges y specifiées, &c.

Du vingt-cinq Novembre 1698.

Arrest du Conseil d'Estat, Qui Ordonne que dans l'Etat de la Ferme Generale des Gabelles de Languedoc, de la presente année 1698. Il sera laissé fonds de la somme de Cent vingt deux mil cinq cens soixante-neuf livres onze sols six deniers, sçavoir, soixante-sept mil trente-cinq livres trois sols quatre deniers, sous le nom du Receveur General des Finances de Toulouse en Exercice, & de Cinquante-cinq mil cinq cens trente-quatre livres huit sols six deniers, sous le nom du Receveur General des Finances de Montpellier, pour estre payés ausdits Receveurs Generaux par Me Thomas Templier, Fermier General desdites Gabelles, de quartier en quartier, &c.

Du vingt-cinq Novembre 1698.

Arrest Contradictoire du Conseil d'Estat, Qui Ordonne que le Port de Saint Vallery, sera adjouté à ceux par lesquels l'Entrée des Drogueries & Espiceries est permise par l'Ordonnance du mois de Février 1687. Ce faisant, permet aux Marchands & Negocians qui apporteront des Drogueries & Espiceries des Païs Estrangers, de les faire Entrer par ledit Port de Saint Vallery, en y payant les Droits conformément aux Tarifs, Arrests & Reglemens ; A l'exception des Cires & Sucres, &c.

Du douziéme Decembre 1698.

Arrest du Conseil d'Etat, Qui Ordonne, sans s'arrester à la Sentence des Officiers du Grenier à Sel d'Ault & Mers, du quatre Aoust 1696. que Sa Majesté a cassée & annullée : que les Etats du Franc-Sallé par Privilege arrestez au Conseil, seront executez : Et conformément à iceux que les Abbé & Religieux de Nostre-Dame du Lieu-Dieu, seront tenus de payer au Fermier des Gabelles, le prix du Marchand des Sels qui leur seront délivrez annuellement pour leur Provision, à raison de Sept livres pour chaque Minot, &c.

Du neuf Decembre 1698.

Arrest Contradictoire du Conseil d'Etat, Qui Ordonne, sans s'arrester à l'Opposition formée par Mathieu Huault Marchand de Bois, à l'execution de l'Arrest du Conseil du huit Juillet dernier, dont il est debouté, que ledit Arrest sera executé selon sa forme & teneur.

Du neuf Decembre 1698.

Arrest du Conseil d'Etat, qui Ordonne que les Publications de la Sous-Ferme des Droits sur le Papier & Parchemin Timbré de la Generalité de Metz & Département de Sedan, seront continuez : Et l'Adjudication d'icelle faite aprés trois remises, pardevant Monsieur de Chamillart, Intendant des Finances, au plus Offrant & dernier Encherisseur en la maniere accoûtumée.

Du neuf Decembre 1698.

Arrest du Conseil d'Etat, qui Declare, en expliquant en tant que besoin est ou seroit, la Déclaration du Roy du cinq May 1690. Que les peines prescrites par icelle, contre les Commis aux Recettes generales & particulieres & autres ayans le maniement des Deniers de ses Fermes, seront encouruës par les Receveurs en Titres qui ont diverty ou emporteront les Deniers de leurs maniemens, comme s'ils étoient précisement designez par sadite Déclaration; Et seront sur le present Arrest toutes Lettres necessaires expediées.

* *Du seize Decembre 1698.*

Arrest du Conseil d'Etat du Roy, qui Ordonne conformément aux Articles XXXIII. du Titre huitiéme, I. & VIII. du Titre dix-neuf de l'Ordonnance des Gabelles de France de 1680. Que les Ecclesiastiques seront tenus de lever du Sel aux Greniers de leurs demeures, & de Comparoir aux Assignations qui leur seront données pour representer les Billets pardevant les Officiers des Greniers, dans le cours de leurs Visites, faites dans les Paroisses de la résidence desdits Ecclesiastiques, sur les peines portées par ladite Ordonnance.

* *Du seize Decembre 1698.*

Arrest du Conseil d'Etat, qui Ordonne, sans s'arrester à l'Arrest du vingt-deux Mars 1695. Que dans le mois du jour de la Signification du present Arrest, les Receveurs Titulaires des Fermes de Sa Majesté, pourvûs de plusieurs Offices de Receveurs en lieux differens, n'en pourront posseder qu'un seul à leur choix, sauf le Remboursement des autres aprés la Liquidation de leur Finance : Et leur enjoint conformément aux Arrests des vingt-un May & vingt-deux Octobre 1697. de résider dans les Villes & lieux de leur Etablissement, & en faire eux-mêmes les Exercices ; Et en cas d'inexecution, Permet à Thomas Templier, Fermier General desdites Fermes, d'y Commettre en leur place, sans payer leurs Gages, &c.

Du seize Decembre 1698.

Arrest du Conseil d'Etat, qui Ordonne que les nommez Lutel, l'Evêque & Montreau, Sergens des Gabelles au Grenier à Sel de Troyes, representeront leurs Titres pardevant Monsieur l'Archer, Maistre des Requestes, Commissaire desparty pour l'execution des Ordres du Roy, en la Generalité de Champagne, & justifieront qu'ils sont de la Création de 1581. qui en dressera son Procez-verbal, pour en cas de contestation estre envoyé

envoyé au Conseil avec son Avis, & estre fait droit ainsi qu'il appartiendra.

Du seize Decembre 1698.

Arrest du Conseil d'Etat, qui Ordonne que les Habitans de la Paroisse de Geté, representeront dans un mois leurs Titres concernans leurs Privileges, pardevant Monsieur de Miromenil, Commissaire desparty en la Generalité de Tours; Pour estre par luy communiquez aux Procureur & Commis de Me. Thomas Templier, qui sur iceux fournira son dire & les Habitans leur Réponse, & du tout estre dressé Procez verbal par ledit Sieur de Miromenil, & par luy envoyé au Conseil avec son Avis, pour le tout veu & rapporté, estre Ordonné ce qu'il appartiendra.

Du seize Decembre 1698.

Arrest du Conseil d'Estat, Sur la Requeste de Me. Thomas Templier, Fermier General des Gabelles & autres Fermes Unies, sur un Risque arrivé à neuf heures du soir le quinze Novembre 1698. entre les Capitaine, Lieutenant & Gardes des Gabelles de Rozier & de Saint Maur : Et une Bande de quinze ou seize Faux-Sauniers armez, qui conduisoient deux Thorées (espece de Bâteaux) sur la Levée de la Riviere de Loire du costé de Saumur & Beaufort, chargées de Faux-Sel : Qui Ordonne avant faire droit, que les Informations faites tant par les Officiers des Greniers à Sel de Saumur & Beaufort, que par le Juge Ordinaire dudit Beaufort, feront envoyées au Greffe du Conseil pour icelles veuës, estre Ordonné ce qu'il appartiendra; Et cependant que l'Instruction du Procez sera continuée jusqu'à Jugement diffinitif, par les Officiers dudit Grenier à Sel de Beaufort.

Du seize Decembre 1698.

Arrest du Conseil d'Estat, Sur la Requeste de Thomas Templier, Fermier General des Fermes Unies, sur la Saisie du Vaisseau nommé le Jeune Ruiter de Roterdan, pour fausse Declaration : Qui renvoye à Monsieur Nointel, Commissaire desparty en la Province de Bretagne, la Connoissance de la Saisie dudit Vaisseau, & l'Instruction de la Contravention faite aux Ordonnances & Reglemens, circonstances & dépendances, pour avec les Officiers du Présidial de Nantes, estre procedé au Jugement en dernier ressort, Sa Majesté leur attribuant à cet effet toute Cour & Jurisdiction, & icelle interdite aux Officiers de l'Amirauté & tous autres.

Du seize Decembre 1698.

Arrest Contradictoire du Conseil d'Estat, Qui Ordonne que par M^e. Thomas Templier, Fermier General des Fermes Unies, Il sera fait Diminution à Georges Forestier & ses Cautions, Sous-Fermier des Aydes & Droits y joints de la Generalité de Lyon, de Vingt mil livres par an sur le prix de leur Sous-Bail, à commencer du premier Octobre 1697. à laquelle somme Sa Majesté regle l'Indemnité qu'il pourroit prétendre pour la non-joüissance des Droits dans l'Exemption desquels la Ville de Lyon a esté maintenuë, par Arrest du dix Decembre 1697. Si mieux ils n'aiment se désister de leur Sous-Bail & le remettre audit Templier, ce qu'ils seront tenus d'opter dans huitaine du jour de la Signification qui leur sera faite du present Arrest, à faute de quoy elle sera deferée audit Templier.

Du seize Decembre 1698.

Arrest du Conseil d'Estat, Qui Permet à Thomas Templier, Fermier General des Fermes Unies, de Percevoir à Feybillot & à Bourbonne, ainsi qu'aux autres Bureaux designez par l'Ordonnance de 1687. les Droits sur les Chevaux qui Entreront dans le Royaume par la Champagne, en le faisant Publier & Afficher dans les Paroisses frontieres qui sont sur la Route; Declarant Obliques & prohibez tous Chemins & Routes autres que ceux qui Conduisent ausdits Bureaux, où les Droits seront acquittez, à peine de Confiscation & Amende, contre les Conducteurs qui les auront passez, sans avoir declaré & acquitté.

Du dix-sept Decembre 1698.

Arrest du Conseil Privé du Roy, Sur la Requeste de Me Thomas Templier, Fermier General des Gabelles, sur des Violences, voyes de fait, & Clameur de Haro, faites à Nicolas de Beaufort, Capitaine des Gabelles d'Alençon & ses Témoins, par Loüis Gernard Taissier, dans la Maison duquel ledit Beaufort qui avoit eu avis qu'il venoit d'entrer un Faux-Saunier, vouloit faire sa Visite : Qui Ordonne qu'avant faire droit, les Charges, Informations & autres Procedures faites pour raison du fait dont il s'agit, tant en l'Election d'Alençon qu'au Bailliage, seront apportées au Greffe du Conseil, pour estre les Parties reglées de Juges ; Cependant fait deffenses ausdits Juges de passer outre, sans préjudice de l'Instruction qui en sera faite par les Officiers de l'Election jusqu'à Jugement diffinitif exclusivement.

* *Du vingt-trois Decembre 1698.*

Arrest du Conseil d'Estat, Qui Ordonne, en expliquant en tant que besoin seroit la Declaration du Roy, du quatre Octobre 1698. Que les Officiers des Elections demeureront déchûs à l'avenir, du Franc-Salé dont ils ont joüy jusqu'à present : Et fait deffenses aux Officiers des Greniers à Sel du Royaume, d'en faire aucune Délivrance, à peine d'en répondre en leur nom.

Du vingt trois Decembre 1698.

Arrest du Conseil d'Etat, Sur la Requeste de M[e]. Thomas Templier, Fermier General des Fermes Unies : Qui fait de grace & sans tirer à consequence, Main-levée au Sieur Pleneuf, chargé de la Fourniture du Pain de Munition pour les Troupes, de Cent quatre-vingt-sept Setiers de Bleds conduits par des Lorrains, Saisis & Confisquez par Sentence des Officiers des Traites de Sainte Menehoult, du quatre du present mois de Decembre ; Et neanmoins le Condamne à payer les Droits deus pour lesdits Bleds, en Deux mil livres d'Amende envers ledit Fermier, & pareille somme de Deux mil livres d'Aumône à l'Hôpital general de la Ville de Châlons.

Du vingt-trois Decembre 1698.

Arrest du Conseil d'Etat, Qui Fait pleine & entiere Main-levée du Vaisseau le nommé l'Unité & des Marchandises de son Chargement, aux nommez d'Arby, Brechy, & au Sieur Feiguet Marchand de Brest: A la charge de remporter hors la Province de Bretagne, les Marchandises dont l'Entrée n'est pas permise par les Ports d'icelle; Sauf à eux de les faire Entrer par les Ports désignez par les Arrests & Reglemens, pour l'Entrée desdites Marchandises.

Du vingt-trois Decembre 1698.

Arrest Contradictoire du Conseil d'Etat, Sur la Requeste de Bernard Artaud & Augustin Chapuis Me Horlogeur de Geneve, qui ont demeuré long-temps à Constantinople: Qui Ordonne que ledit Chapuis sera élargy & mis hors des Prisons de Grenoble; Et que les Especes d'Or & autres Effets à luy appartenans & audit Artaud, saisis par les Commis de la Ferme, suivant leur Procez verbal du dix-neuf Novembre dernier, leur seront rendus sans payer aucuns Droits ny frais, imposant sur ce silence aux Juges des Droits des Fermes & autres.

Du vingt-trois Decembre 1698.

Arrest du Conseil d'Etat, qui Ordonne que par Monsieur Bignon, Conseiller d'Etat, Intendant en la Generalité d'Amiens, le Procez instruit contre Philippes Quenu, cy-devant Capitaine de la Brigade à Calais, sera jugé diffinitivement & en dernier ressort, en tel Présidial que ledit Sieur Bignon voudra choisir dans son Département, ou avec le nombre des Juges ou Graduez requis par l'Ordonnance, ausquels Sa Majesté leur a attribué toute Cour, Jurisdiction & Connoissance, & icelle interdite à tous autres; Et que le Prisonnier sera transferé, & les Charges, Informations & Procedures apportées en la Jurisdiction qui sera choisie par ledit sieur Bignon, à ce faire les Greffiers contraints, &c.

Du trente Decembre 1698.

Arrest du Conseil d'Etat, qui Ordonne que par les Officiers du Grenier à Sel de Paris, Il sera procedé à la levée des Scellez apposez tant au Bureau qu'en la Maison du Sieur Garrot, Receveur en Titre dudit Grenier, & à la description & Inventaire des Papiers & Effets: Et que le Procez sera fait audit Garrot & à ses Complices par lesdits Officiers, suivant les Ordonnances & Reglemens; Sans y pouvoir estre troublez par les Officiers du Chastelet & autres, à peine de tous Dépens, Dommages & Interests.

Du trente Decembre 1698.

Arrest Contradictoire du Conseil d'Etat, qui Ordonne, sans avoir égard à l'Opposition de Pierre Roudier, dont il est debouté, que l'Arrest du Conseil du vingt-huit Octobre dernier, sera executé: Et en consequence, qu'il sera passé outre à l'Adjudication de la Sous-Ferme des Aydes de l'Election de Meaux, à la folle Enchere dudit Roudier & ses Cautions.

Du trente-un Decembre 1698.

Arrest Contradictoire du Conseil d'Etat Privé du Roy, entre Philippes Alric, Bourgeois de Rabastens, Concernant un Bail à Ferme fait par le Sieur Bermond, Receveur des Chambres à Sel de Toulouze, audit Alric, de la Chambre à Sel de Rabastens: Qui Ordonne que sur la Créance de Pierre Martin, & sur la Procedure faite à sa Requeste, contre ledit Alric devant les Juges des Gabelles de Toulouze, les Parties procederont devant lesdits Juges des Gabelles; Et sur la discution des Meubles & Saisie réelle des Immeubles, devant le Sénéchal de Toulouze, Dépens compensez.

SUITE DE LA TABLE

DES ARRESTS DU CONSEIL,

Concernant les Fermes Royales-Unies & autres Droirs y joints, compris au Bail fait sous le nom de Me Thomas Templier, pendant les mois de Janvier, Février & Mars 1699.

Du dix-sept Janvier 1699.

ARREST du Conseil d'Estat du Roy, Qui Ordonne que de la somme de deux cens treize mille cent soixante-dix-sept livres cinq sols trois deniers, à laquelle montent les Charges assignées sur les Gabelles de Metz, suivant l'Estat de Distribution arresté au Conseil le dix-huit Juin 1697. Il en sera payé par Me Pierre Pointeau, cy-devant Fermier General des Fermes-Unies, Cent cinquante-neuf mille huit cens quatre-vingt-deux livres dix-neuf sols, aux dénommez audit Estat, pour les trois quartiers de l'année 1697. Et cinquante-trois mille deux cens quatre-vingt-quatorze livres six sols trois deniers, par Me Thomas Templier, pour le quartier d'Octobre de ladite année; laquelle somme chacun pour ce qui les concerne, sera passée & alloüée dans leurs Comptes, en vertu du present Arrest, en raportant ledit Etat, Acquits, &c.

Du dix-sept Janvier 1699.

Arrest du Conseil d'Estat, Qui Ordonne que la somme de Deux mille sept cens cinquante-trois liv. un sol huit deniers, sera portée au Trésor Royal, Sçavoir, celle de 1810. livres 13. sols 4. deniers, employée dans l'Etat des Gabelles de Metz, arresté le dix-huit Juin 1697 dont 1358. livres par Me Pointeau, pour les trois premiers quartiers de l'année 1697. Et 452. livres 13. sols 4. deniers par Me Thomas Templier, pour le quartier d'Octobre de ladite année. Et celle de 942. livres 8. sols 4. deniers, Sçavoir, 162. livres 8. sols 4. deniers, employez dans l'Estat des Cinq Grosses Fermes, arresté le ſept May 1697. Et 780. livres auſſi employez dans l'Eſtat des Augmentations de Gages des Receveurs des Gabelles & Traites, arreſté le premier Octobre ſuivant, par Mᵉ Jean-Baptiſte Loubers, Receveur & Payeur deſdites Charges : à ce faire chacun à leur égard contraints, &c.

Du dix-ſept Janvier 1699.

Arreſt du Conſeil d'Eſtat, Qui Ordonne que la ſomme de Quatorze cens quatre-vingt-treize livres ſix ſols huit deniers, employée dans l'Eſtat des Gabelles de Metz, arreſté le 27. May 1698. ſera payée en deniers ou quittances par Mᵉ Thomas Templier, à Mᵉ Antoine Meuſnier, Receveur des Charges aſſignées ſur les Cinq Groſſes Fermes, pour être par luy payée aux Officiers & conformément à l'Extrait dudit Eſtat, ou à ceux qui ſeront reçûs en leur lieu & place : De laquelle ſomme il ſera tenu compte à Mᵉ Thomas Templier, ſur le prix de ſon Bail de ladite année, & paſſée dans ſes Eſtats & Comptes, & audit Meuſnier, en raportant Quittances, &c.

Du vingt Janvier 1699.

Arreſt du Conſeil d'Eſtat, Qui Ordonne que les Reſultat & Arreſts du Conſeil des trente Avril & dix-neuf Novembre 1697. & ſeize Decembre 1698. ſeront executez : Et en conſequence que le Sieur Blondel, Commis par Mᵉ Thomas Templier, à la Recette du Grenier à Sel de Noyon, ſera reçû & inſtallé par les Officiers dudit Grenier, ſans avoir égard à l'oppoſition formée par Gilles Yvernel Receveur en Titre, dont Sa Majeſté l'a debouté, & luy fait deffenſes de s'immiſſer en l'exercice & fonction de ladite Charge, à peine de mil livres d'amende, &c.

Du vingt Janvier 1699.

Arreſt du Conſeil d'Eſtat, Qui Ordonne que le ſecond Magaſin pour le Dépôt des Sels de Honfleur, qui menace ruïne ſera reparé ; & qu'il en ſera conſtruit un troiſiéme attenant: Et que pardevant Monſieur de la Bourdonnaye, Intendant en la Generalité de Roüen ou ſon Subdelegué, il ſera procedé à l'Adjudication au rabais des Ouvrages & à l'eſtimation du prix de deux petites Maiſons & portion de Jardin neceſſaires pour la conſtruction d'iceux, à la charge par Mᵉ Thomas Templier de faire les avances des fonds, dont il ſera remboursé par le Fermier qui luy succedera, en raportant l'Adjudication, Acte de Visite, Quittances, &c.

Du vingt Janvier 1699.

Arrest du Conseil d'Estat, Sur la Requeste de Mᵉ Thomas Templier; Tendante à ce que Charbes Bombes & ses Cautions soient tenus de luy fournir un Etat certifié des Droits que leurs Commis ont reçû sur les Vins, Eaux-de-Vie & Boissons qui ont passé par la Ville, Fauxbourgs & six Sergenteries de Roüen, pour estre transportées ailleurs, & les luy restituer suivant l'exception & reserve portée par le Bail: Qui Ordonne avant faire droit, que la Requeste dudit Templier sera communiquée audit Bombes & à ses Cautions pour y répondre dans huitaine du jour de la Signification du present Arrest, & leur Réponse vûë, être ordonné ce qu'il appartiendra.

Du vingt-sept Janvier 1699.

Arrest du Conseil d'Estat, sur la Requeste de Mᵉ Thomas Templier, Concernant le payement des Droits de Quarante-cinq sols des Rivieres, de Cent dix pieces de Vin de Languedoc, à Villeneuve-Saint-George, lieu de la destination, & une seconde fois lorsqu'ils seront revendus & amenez à Paris: Qui Ordonne avant faire droit sur icelle, qu'elle sera communiquée aux nommez Lauvin, Babault & Consors Marchands de Paris, pour y répondre dans huitaine du jour de la Signification du present Arrest & leur Réponse vûë, être Ordonnée ce qu'il appartiendra, &c.

Du vingt-sept Janvier 1699.

Arrest du Conseil d'Estat, Sur la Requeste de Mᵉ Thomas Templier, Concernant une Saisie de six Poinçons de Vin, envoyez à la veuve Chaussé, Cabaretiere à Seaux, par Sanson Bruneau, Commissionnaire de Vins à Orleans, sans ordre de ladite Chaussé, & sur une Lettre de Voiture sous Signature privée: Qui Ordonne avant faire droit sur icelle, qu'elle sera communiquée audit Bureau, pour y répondre dans la quinzaine du jour de la Signification du present Arrest, & sa Réponse vûë estre ordonné ce qu'il appartiendra, &c.

Du dix Fevrier 1699.

Arrest du Conseil d'Estat, Qui Ordonne que le Bail des

Aydes de l'Election de Méaux & Département de Crecy, passé en consequence de l'Adjudication qui en a esté faite à Jacques Paucatelin le seize Janvier dernier, à la folle Enchere de Pierre Roudiere, moyennant cent huit mille livres par an, sera executé : Ce faisant que les Cautions dudit Roudiere seront tenus de payer à Mᵉ Thomas Templier ou Commis à la Recette Generale, les termes échûs de leur Bail, & la folle Enchere pendant les cinq années qui restent d'iceluy, dans les mêmes Termes & prix, à ce faire contraints solidairement, &c.

Du dix Fevrier 1699.

Arrest du Conseil d'Estat, Sur la Requeste de Templier, Concernant l'execution de l'Article XXXVII. du Reglement General des Gabelles de Languedoc de l'année 1599. Et les Articles II. V. & CXXXXVI. des Baux de Langlois, le Gendre, Brunon, Fauconnet & Domergue : Portant permission au Fermier General des Gabelles, de prendre du Sel pour le Fournissement des Greniers & Chambres, de tel Proprietaire des Salins de Pecais, que bon luy semblera ; Qui Ordonne avant faire droit sur ladite Requête, que les Proprietaires desdits Salins seront oüis pardevant Monsieur de la Moignon de Basville, Intendant en Languedoc, qui dressera son Procès verbal des dires & contestations des Parties, pour iceluy vû au Conseil avec son Avis, être ordonné ce qu'il appartiendra.

Du dix Fevrier 1699.

Arrest du Conseil d'Estat, Sur la Requeste de Mᵉ Thomas Templier, contre Catherine Petit dite la Cato, demeurante à Albert, Election d'Amiens, à une lieuë de la Frontiere d'Artois, pour raison d'une saisie de quantité de Grains qu'elle a fait transporter en sa Maison d'Albert sans acquits à Caution : Qui Ordonne avant faire droit sur icelle, qu'elle sera communiquée à ladite Petit, pour sa Réponse vûë au Conseil, (qu'elle sera tenuë de faire dans quinzaine du jour de la Signification qui luy en sera faite) estre fait droit ainsi qu'il appartiendra.

Du dix-sept Fevrier 1699.

Arrest du Conseil d'Estat, Qui Ordonne que dans le Compte

qui sera arrêté entre Me Pierre Pointeau & Thomas Templier, des Sels restez au premier Octobre 1697. dans les Greniers & Entrepôts des Gabelles de Lionnois, Provence & Dauphiné, Languedoc & Roussillon; les prix en seront reglez entr'eux & portez dans ledit Compte, sur les mêmes pieds qu'ils ont esté évaluez & passez de Domergue à Pointeau, en y ajoûtant la proportion de l'augmentation de Cinquante-cinq mille livres payez par ledit Pointeau, aux Entrepreneurs des Voitures, par chacune des quatre dernieres années de son Bail, sur les Sels restez dans les Greniers, fournis par lesdits Entrepreneurs.

Du dix-sept Fevrier 1699.

Arrest du Conseil d'Estat, Qui Ordonne que pour tenir lieu à Estienne Richer, cy-devant Fermier des Domaine, Barrage & Poids-le-Roy, de la Ville & Fauxbourgs de Paris, du dédommagement à luy dû par Me Thomas Templier, à cause de sa dépossession pendant l'année derniere & la presente, il joüira pendant lesdites deux années de l'excedent du prix du Bail fait par ledit Templier au nommé Gautherot, au-delà de ce qu'il en auroit dû payer audit Templier, pendant lesdites deux années, suivant & aux termes de son Bail, si mieux n'aime ledit Templier indemniser ledit Richer de toutes les pertes qu'il a souffertes pendant les quatre années qu'il a joüy, &c.

Du vingt-quatre Fevrier 1699.

Arrest du Conseil d'Estat, Sur la Requeste de Me Thomas Templier, contre Marguerite Roussel, Hôtesse du Bourg de Saint-Aubin-les-Châteaux, & Loüis Berault Hôtellier au Bourg de Sion, declarez atteints & convaincus par Sentence du Juge de Chasteaubriand, du seize Septembre 1698. d'avoir donné retraite à plusieurs Faux-Sauniers à port d'armes, & condamnez chacun en Cinq cens livres d'amende & aux dépens: De laquelle ayant appellé, le Parlement de Bretagne a infirmé ladite Sentence par Arrest du 24 Octobre suivant, & condamné le Fermier aux frais & coût de l'Arrêt: Qui Ordonne avant faire droit sur ladite Requeste, qu'elle sera communiquée à ladite Roussel & audit Berault; & que le Procureur General dudit Parlement envoyera au Conseil les motifs dudit Arrest, & les Charges, Informations & autres Procedures y seront apportées, à ce faire les Greffiers contraints.

Du dix Mars 1699.

Arrest du Conseil d'Estat, Qui Ordonne, sans s'arrester à l'Opposition de Jean-Claude le Jeune, Commis à l'Exercice de Receveur du Grenier de Gien; par Claude le Jeune son pere, Titulaire, dont Sa Majesté l'a debouté; Qu'il sera passé outre à la Reception & Installation de Hierôme le Prince, pour faire ladite Recette sur la Commission à luy donnée par Me Thomas Templier, & que ledit le Jeune luy remettra les Registres, Obligations & autres Papiers, & la Clef du Grenier, &c.

Du dix Mars 1699.

Arrest contradictoire du Conseil d'Estat, Qui Ordonne, sans s'arrêter à la Requeste du Procureur du Roy au Bailliage & Vicomté du Perche à Mortagne, dont Sa Majeste l'a débouté, Que les Officiers du Grenier à Sel dudit Mortagne, procederont à la levée des Scellez apposez au Bureau & en la maison de François Romet, Receveur en Titre audit Grenier, & à la description & Inventaire des Papiers, meubles & effets dudit deffunt; Fait deffenses aux Officiers de ladite Vicomté & tous autres de les y troubler, à peine, &c.

Du dix Mars 1699.

Arrest du Conseil d'Estat, Sur la Requeste de Me Thomas Templier, pour estre déchargé d'une somme de Deux mille deux cens quarante-cinq livres cinq sols d'une part, & de Quatre cens vingt-deux liv. huit sols neuf deniers d'autre, ausquels il a esté condamné solidairement avec les Sieurs Bartet Receveur General & Voland Controlleur des Gabelles, par Sentence des Officiers du Grenier à Sel de Paris, du trente-un Decembre 1698. pour le travail des Porteurs de Sel dudit Grenier; Qui Ordonne que ladite Requeste sera communiquée ausdits Porteurs pour y répondre à la huitaine, toutes choses demeurant en état.

Du dix Mars 1699.

Arrest du Conseil d'Estat, Sur la Requeste de Me Thomas Templier, contre Jacques Nicoud, Habitant de la Paroisse de Chasselet en Dauphiné, qui a esté reçû à faire cession de biens par Arrest du Parlement de Grenoble du quinze Septembre 1695. pour la somme de Cent livres pour du Sel à luy presté au Grenier de Moyrans : Qui ordonne avant faire droit sur ladite Requeste qu'elle sera communiquée audit Nicoud, pour y répondre dans huitaine du jour de la Signification du present Arrest, & que le Procureur General dudit Parlement envoyera au Conseil les motifs dudit Arrest.

Du dix Mars 1699.

Arrest du Conseil d'Estat, Sur la Requeste de Me Thomas Templier, contre les Megissiers de la Ville de Reims, qui prétendent qu'il leur est permis d'user d'Eau de Salines pour la confection, & Manufacture de leurs Cuirs, & qui ont esté reçûs par Arrest de la Cour des Aydes de Paris du quatorze Janvier 1699. à faire preuve de cet usage : Qui ordonne avant faire droit que ladite Requeste sera communiquée à la Communauté des Megissiers de Reims, pour y fournir de Réponse quinzaine après la Signification du present Arrest, &c.

Du quatorze Mars 1699.

Arrest contradictoire du Conseil d'Estat, Qui Ordonne que le Resultat du Conseil du trente Avril 1697. sera executé : Ce faisant que le Recepissé du Sieur Bartet Receveur General des Fermes du quatorze Mars 1693. de la somme de Deux cens vingt-cinq mille livres, pour le fonds des Avances de la part du Sieur Berthelot, dans le Bail de Pointeau, sera rapporté ; Et au lieu d'iceluy qu'il en sera fourny un de pareil somme pour la part du fonds dudit Sieur Berthelot dans le Bail de Templier, pour servir de seureté aux évenemens dudit Bail, Clauses de societé, &c.

Du vingt-quatre Mars 1699.

Arrest du Conseil d'Estat, Qui Permet à Me Thomas Templier, de rembourser dès-à-present tels Receveurs des Fermes qu'il jugera à propos, jusqu'à concurrence de Quatre cens mille livres, au-delà des Huit cens mille livres destinées pour les deux années du Bail, suivant les liquidations qui en seront faites au Conseil, dont sera tenu compte audit Templier sur le prix de son Bail, &c.

Du vingt-quatre Mars 1699.

Arrest contradictoire du Conseil d'Estat, Qui Ordonne que le sous-Bail fait à Daniel Maulgué des Elections de Laval & Château-gontier, & du Département de Sablé sera executé: Et qu'en vertu d'iceluy il joüira des Droits d'Aydes dans les Paroisses d'Asnier & Aroise, Ballée & autres y specifiées au Département de Sablé, quoyque dépendantes de l'Election de la Flesche; Et fait deffenses de l'y troubler, à peine, &c.

Du dernier Mars 1699.

Arrest du Conseil d'Estat, Sur un Insulte, excès & mauvais traitemens faits au Fermier des Regrats de Toulouse & son frere, par les nommez Joseph & François Raymond & Guillaume Barthes, ce qui a causé un conflit de Jurisdiction entre le Juge Visiteur des Gabelles, & les Maire & Capitouls de ladite Ville: Qui ordonne que les Informations seront envoyées au Greffe du Conseil, par les Greffiers desdites Jurisdictions, pour icelles vûës estre les Parties reglées de Juges; Et cependant que l'instruction du Procès sera continuée par les Officiers des Gabelles, jusqu'à Jugement diffinitif, &c.

Du dernier Mars 1699.

Arrest du Conseil d'Estat, Sur la Requeste de Me Thomas Templier, Qui Ordonne que dans huitaine Charles Renoult & ses Cautions seront tenus de signer les Baux des Fermes des Domaines des Generalitez de Roüen & Alençon; conformément aux adjudications qui leur en ont esté faites, faute de ce il sera procedé pardevant Monsieur d'Armenonville Intendant des Finances, aux Publications & Adjudications desdites sous-Fermes à leur folle Enchere, & cependant contraints de payer le prix d'icelles par les voyes, &c.

SUITE DE LA TABLE
DES ARRESTS DES CONSEILS
D'ESTAT ET PRIVE' DU ROY.

CONCERNANT les Fermes Royales-Unies, & autres droits y joints, compris au Bail fait ſous le nom de Me Thomas Templier, pendant les mois d'Avril, May, & Juin 1699.

Du trois Avril 1699.

RREST du Conſeil d'Etat Privé, qui ordonne ſur la Requeſte de Me Thomas Templier, que la ſaiſie réelle faite le trois Janvier 1699. de l'Office de Conſeiller-Secretaire du Roy, dont eſt pourvû le Sr Accault, caution ſolidaire de Charles Renoult, Sous-Fermier des Aydes des Elections de Sens, Nogent, Nemours, Saint Florentin & Tonnerre, faute de payement de 58860. livres 13. ſols 4. deniers d'une part, & de 99277. liv. 6. ſ. 8. d. d'autre, dûës par ledit Renoult, ſera executée : Et que dans huitaine du jour de la ſignification du preſent Arreſt audit Accault, il ſera tenu de fournir ſa Procuration, *ad reſignandum*, dudit Office, ſinon ledit tems paſſé, l'Arreſt vaudra Procuration, ſur lequel & ſur le decret dudit Office, les Lettres de proviſions en ſeront ſcellées & délivrées à l'Adjudicataire, en la maniere accoûtumée.

Du trois Avril 1699.

Arreſt du Conſeil d'Etat privé, qui ordonne faute de payement de la somme de Cent dix-neuf mille cinq cens livres dûë par Jacques-Anne Grave, Sous-Fermier des Aydes, Papier & Parchemin timbrés de la Generalité d'Orleans; Me Antoine Barangue, sa caution pourveu d'une Charge de Conseiller-Secretaire du Roy, saisie réellement sur luy, sera dans huitaine de la signification du present Arrest, tenu de fournir sa Procuration *ad resignandum*, sinon & ledit tems passé, le present Arrest vaudra procuration; sur lequel & le decret, les Lettres de provisions seront expediées & délivrées, &c.

Du trois Avril 1699.

Arrest du Conseil d'Etat privé, qui ordonne faute de payement de la somme de Cent huit mille livres, dûë par Jean Martin, sous-Fermier des Aydes, Papier & Parchemin timbrés des Generalités de Bourges & de Moulins; Me la Bruyere caution dudit Martin, pourveu d'un Office de Conseiller-Secretaire du Roy, sera tenu dans huitaine de la signification du present Arrest, de fournir sa Procuration *ad resignandum*, dudit Office, sinon faute de ce faire aprés ledit tems, le present Arrest vaudra Procuration, &c.

Du trois Avril 1699.

Arrest du Conseil d'Etat privé, qui ordonne faute de payement de la somme 108500. liv. dûë par Jean Martin, sous-Fermier des Aydes & Parchemin timbré des Generalités de Bourges & de Moulins: Et celle de 119500. liv. aussi dûë par Jacques-Anne Grave, sous-Fermier des Aydes, Papier & Parchemin timbrés de la Generalité d'Orleans, Me Moulier caution desdits Martin & Anne Grave, sera tenu dans huitaine de la signification du present Arrest, de fournir sa Procuration *ad resignandum*, de l'Office de Secretaire du Roy, dont il est pourveu; sinon faute de ce faire aprés ledit tems, le present Arrest vaudra Procuration, &c.

Du trois Avril 1699.

Arrest du Conseil d'Etat privé, qui ordonne que faute de

payement de la somme de Quarante mille livres, dûë par Joseph Greffier, sous-Fermier des Aydes & droits y joints des Elections de Melun, Rozoy, Provins & Colomniers : Me Chalmette caution dudit Greffier, sera tenu dans huitaine de la signification du present Arrest, de fournir sa Procuration *ad resignandum*, de l'Office de Secretaire du Roy, dont il est pourveu ; sinon faute de ce faire aprés ledit tems, le present Arrest vaudra Procuration, &c.

Du quatre Avril 1699.

Arrest du Conseil d'Etat, qui ordonne que la somme de 27938. livres 15. s. à laquelle montent pour les années 1697. & 1698. les francs-salés assignes sur les Gabelles de Lyonnois, sera remise par Me François Dazy, Receveur & payeur des Charges assignées sur lesdites Gabelles, en exercice lesdites années ; sçavoir, celle de 14288. liv. 8. s. à Me Pointeau & Templier, pour l'année 1697. dont 10716. liv. 6. s. audit Pointeau, pour les trois premiers quartiers, & 3572. liv. 2. s. audit Templier, & celle de 13658. liv. 7. s. pour l'année 1698. suivant les Etats : Et sera ladite somme passée & allouée dans les Comptes dudit Dazy, en rapportant quittances desdits Pointeau & Templier, qui en feront Recettes & dépenses par Chapitres séparés dans leurs Etats & Comptes desdites années, qui seront passées & admises sans difficulté. Et que la délivrance desdits francs-salés, sera faite en espece par le Fermier, comme par le passé, suivant l'Etat qui en sera arrêté au Conseil.

Du sept Avril 1999.

Arrest du Conseil d'Etat, sur ce qui a été representé par Me Thomas Templier, concernant le Bureau de la Romaine de Roüen : qui renvoye ; avant faire droit, ladite Requeste à Monsieur de la Bourdonnaye, Me des Requestes, Commissaire départy en la Generalité de Roüen, pour donner son avis sur icelle, aprés avoir entendu les Maire & Echevins, & ceux qui possedent les petites Maisons construites sur la place du

Quay de l'endroit du mur où l'on propose de faire la constru-ction de la nouvelle Doüanne, tant sur leurs prétentions de proprieté & possession desdites Maisons, que sur le dédommagement qu'ils en pourroient prétendre.

Du 14. Avril 1699.

Arrest contradictoire du Conseil d'Etat, qui décharge Estienne Thevenot, Munitionnaire General des Vivres de la Marine, des droits de la Table de Mer, pour les Vins, Marchandises & denrées destinées à la consommation des Galeres & Vaisseaux du Roy, en fournissant son certificat de la quantité des Vins & Marchandises dont il aura besoin, & sa soûmission au premier Bureau de l'enlevement, de rapporter certificat du Garde, visé du Sieur Intendant des Galeres de leur décente & emplacement dans les Magazins de Sa Majesté: Fait deffenses audit Thevenot, ses Commis & Employés de faire passer des Vins & Marchandises pour autre usage, sans payer lesdits droits de la Table de Mer, à peine, &c.

Du 21. Avril 1699.

Arrest du Conseil d'Etat, sur la Requeste de Me Thomas Templier, concernant une saisie de douze pieces de Draps étranger, seize pieces de Mousselines & cent-huit pieces de Satin de la Chine, declarées pour de la Colle, que le nommé Sanson Marchand à Verdun, avoit fait venir de l'Etranger. Qui ordonne que ladite Requeste sera communiquée audit Sanson, pour luy oüy ou sa Requeste vûë dans un mois du jour de la signification du present Arrest, être ordonné ce qu'il appartiendra par raison; cependant toutes choses demeurant en état.

Du cinq May 1699.

Arrest du Conseil d'Etat, qui ordonne l'execution des Arrests des vingt-trois Decembre 1698. & trois Janvier 1699. & en consequence qu'il n'y aura que les Officiers qui sont & seront actuellement pourvûs & reçûs aux nouveaux Offices créés dans les Elections, par les Edits des mois de Novembre 1689. & Aoust 1693. qui jouiront du franc-salé à eux attribué par lesdits Edits, sans que les autres Officiers desdites Elections puissent prétendre ledit droit de franc-sallé.

Du cinq May 1699.

Arrest du Conseil d'Etat, qui décharge le sieur le Fevre, Directeur des Gabelles à Dijon, de l'assignation qui luy a été donnée au Parlement de Dijon, à la Requeste de François Mulier, cy-devant Receveur titulaire au Grenier à Sel de Semur en Auxois; Fait deffenses audit Mulier de faire aucunes poursuites à l'encontre desdits Templier & le Fevre qu'au Conseil, à peine de nullité, cassation, dépens, dommages & interêts.

Du douze May 1699.

Arrests du Conseil d'Etat, qui ordonne que le Bail fait à Henry de la Porte & ses Cautions, de la sous Ferme des droits du timbre sur le papier & parchemin des Generalités de Riom & Limoges, sera executé; & faute par ledit de la Porte & ses Cautions d'avoir payé les Termes échûs du prix d'iceluy, qu'il sera procedé au Bureau General des Fermes-Unies, aux publications & adjudication aprés trois remises de ladite sous-ferme, à leur folle enchere, peril & fortune, pardevant Monsieur de Chamillart, Conseiller d'Etat, Intendant des Finances, sans qu'il soit besoin de faire d'autres significations qu'au domicile élû, ny de mettre ny apposer affiches qu'audit Bureau, pour jouir par les nouveaux Adjudicataires, pendant les quatre années trois mois restant dudit Bail, à commencer du premier Juillet prochain; & qu'au payement de ce qui est & sera dû, ledit la Porte & ses cautions seront contraints solidairement comme pour les deniers & affaires de Sa Majesté, &c.

Du douze May 1699.

Arrest du Conseil d'Etat, sur la Requeste de Pierre Pointeau & Thomas Templier, successivement Fermiers generaux des Gabelles & autres Fermes-Unies ; qui ordonne que les Registres, Comptes, Etats, Comptereaux, Quittances, Acquits, décharges & papiers concernans les Recettes & dépenses des Gabelles faites au Grenier à Sel de Paris, par Louis Garrot, pour lesdits Pointeau & Templier, ensemble tous les autres effets seront remis entre leurs mains chacun en ce qui les concerne, ou de l'un des Cautions desdits Baux, qui s'en chargeront au bas de l'Inventaire qui en sera fait par les Officiers dudit Grenier, & lesdits 4400. liv. portés à la Caisse generale desdites Fermes, pour sur le tout en être fait compte & raison à qui & ainsi qu'il appartiendra, dont deux Cautions desdits Baux feront leurs soûmissions à la maniere accoûtumée, au pied de la minute du present Arrest, qui sera executé nonobstant toutes saisies & oppositions.

* *Du vingt-six May 1699.*

Arrest du Conseil d'Etat, qui ordonne que les Officiers des Greniers à Sel de Cosne, Gien, la Charité, Montargis & Saint Fargeau, & tous les autres Officiers des Greniers à Sel de l'étenduë de la Ferme generale des Gabelles de France, seront tenus de se charger des sels procedans du Regratage des sacs du Sel emplacé dans leurs Greniers, & de mettre lesdits Sels dans les masses, à peine d'interdiction, & des pertes, dépens, dommages & interêts du Fermier.

Du vingt-six May 1699.

Arrest du Conseil d'Etat, qui fait deffenses aux Receveurs en titre, & Commis aux Recettes des Greniers à Sel & des Bureaux de ses Fermes, de divertir les deniers de leurs Recettes, & de les employer à leurs affaires particulieres, sur les peines portées par les Ordonnances ; Enjoint aux Cours des Aydes & à tous autres Juges d'y tenir la main : Et qui décharge Thomas Templier, d'une condamnation de Trois cens livres de dépens, dommages & interêts, prononcé par Arrest du Parlement de Dijon, au profit de Firmain Halé, cy-devant Receveur titulaire au Grenier à Sel de Montbart :

Et luy fait deffenses & à tous autres ayans ses droits, de faire aucunes poursuites, saisies ny contraintes pour raison de ce, à peine de Trois cens livres d'amende, &c.

Du vingt-six May 1699.

Arrest du Conseil d'Etat, qui ordonne que le Bail des Chambres à Sel d'Auvergne, fait à François Pigeron, par Edme Baugier, interessé dans les Fermes generales sous le nom de Thomas Templier, le dixiéme Janvier 1698. demeurera nul & resolu : Et en consequence qu'il sera tenu de compter de Clerc à Maître à Me Thomas Templier de la Recette & dépense, tant en sel qu'en deniers, depuis le premier Octobre 1697. jusqu'au jour qu'il sera dépossedé ; & qu'il sera contraint & ses Cautions au payement des sommes dont il se trouvera Reliquataire, comme pour deniers Royaux : Et permet audit Templier de sous-fermer lesdites Chambres à Sel, ainsi qu'il jugera à propos.

Du deux Juin 1699.

Arrest du Conseil d'Etat, qui ordonne que dans tous les Greniers de la Ferme Generale des Gabelles de France, où il y aura des Receveurs titulaires, les Commis établis par le Fermier au Controlle, auront une clef des Greniers & tiendront Registres du Controlle de la vente & distribution du Sel tant par impost, vente volontaire qu'autrement ; lesquels Registres les Officiers des Greniers seront tenus d'arrêter & parapher chaque jour de Vente : & seront lesdits Controlleurs tenus de se charger des Sels qui seront emplacés dans lesdits Greniers, & responsables des déchets : Et dans les autres Greniers où les Receveurs auront été commis par ledit Fermier, les Controlleurs qu'il y voudra établir, auront seulement des clefs des Caisses des Receveurs, & tiendront Registre des Ventes ordinaires ainsi que les Officiers & Commis à la Recette, lequel Registre lesdits Officiers seront tenus d'arrêter & parapher chacun jour de Vente, à peine de tous dépens, dommages & interêts.

Du deux Juin 1699.

Arrest du Conseil d'Etat, qui ordonne à Thomas Templier d'accepter les offres faits par Gatien Camlong, de prendre les Chambres à Sel d'Auvergne, aux mêmes charges, clauses & conditions portées par le Bail fait à François Pigeron, le dix Janvier 1698. à commencer du premier Octobre 1697. sauf audit Camlong de faire compter de Clerc-à-Maître ledit Pigeron, ses Cautions & autres ; & en consequence que ledit Templier sera tenu de passer Bail audit Camlong, en fournissant par luy bonnes & suffisantes cautions, qui s'obligeront avec luy solidairement à l'execution dudit Bail, comme pour deniers Royaux.

Du neuf Juin 1699.

Arrest du Conseil d'Etat, qui ordonne que faute de payement de la somme de Quatre cens trente-six mille vingt sept livres douze sols, restante à payer du prix des termes échûs à la fin du present mois : Il sera procedé au Bureau general des Fermes scis ruë de Grenelle, aux publications & adjudication aprés trois remises, de la sous Ferme des Elections de Reims & Châalons, à la folle enchere, risques, perils & fortunes de Maître Charles Danizy & de ses Cautions, pardevant Monsieur de Chamillart, que Sa Majesté a commis à cet effet, sans qu'il soit besoin de faire d'autres significations qu'au domicile élû, ny d'apposer des affiches qu'aux portes dudit Bureau ; pour en jouir par les nouveaux Adjudicataires du premier Octobre prochain ; & qu'au payement de ce qui est & sera dû à Maître Thomas Templier, tant des termes échûs que de la folle enchere, ledit Danizy & ses Cautions seront contraints solidairemens comme pour les deniers & affaires du Roy, &c.

Du neuf Juin 1699.

Arrest du Conseil d'Etat, qui ordonne que faute de payement de la somme de 144951. liv. 11. s. 8. d. du prix des termes échûs à la fin du present mois de la Sous-Ferme des Aydes du Mans & de Château du Loir ; il sera procedé au Bureau general des Fermes, aux publications & adjudication, de lad. sous-ferme à la folle enchere de Charles Danizy & ses Cautions, pardevant Monsieur de Chamillart, sans qu'il soit besoin de faire d'autres significations qu'au domicile élû, ny d'apposer affiches qu'aux portes dudit Bureau, pour en jouir par les nouveaux Adjudicataires du premier Octobre prochain ; & qu'au payement de ce qui est & sera dû, ledit Danizy & ses Cautions seront contraints, &c.

Du seize Juin 1699.

Arrest du Conseil d'Etat, qui ordonne que faute de payement de la somme de 40166. liv. 13. s. 4. d. du prix des termes échûs à la fin du present mois de la sous-ferme des Aydes de l'Election de Joigny ; il sera procedé au Bureau general des Fermes, aux publications & adjudication, de lad. sous-ferme à la folle enchere de Pierre Roudiere & ses Cautions, pardevant Monsieur de Chamillart, sans qu'il soit besoin de faire d'autres significations qu'au domicile élû ; ny d'apposer affiches qu'aux portes dudit Bureau ; pour en jouir par les nouveaux Adjudicataires du premier Octobre prochain ; & qu'au payement de ce qui est & sera dû, ledit Roudiere & ses Cautions seront contraints, &c.

Du seize Juin 1699.

Arrest du Conseil d'Etat, sur la Requeste de Thomas Templier, concernant une saisie faite le vingt-deux Janvier dernier, par la Brigade établie à Miraumont en Artois de Six sommes de Bled, que Charles Bachelier faisoit passer sur un Billet de payement des droits de Sortie, des Receveur & Controlleur du Bureau de Fins en Picardie, non enregistré : qui évoque au Conseil le procès resultant du procès verbal desdits Gardes de Miraumont, circonstances & dépendances, & renvoye le tout à Monsieur Bignon, Conseiller d'Etat, Intendant en Picardie, pour juger en dernier ressort, avec tels Juges, Gradués de ſon Département qu'il voudra choiſir, & que les procedures commencées à Bapaume, ſeront remiſes à ſon Greffe, & qu'il pourra deléguer pour les continuer, &c.

Du ſeize Juin 1699.

Arreſt du Conſeil d'Etat, qui ordonne que les Arreſts des vingt-trois Mars & vingt Avril 1694. vingt-quatre Janvier & deux Octobre 1696. ſeront executés : Et en conſequence décharge les Receveurs & Commis de Maître Thomas Templier, des villes d'Angers, le Mans, Reims & autres, des contributions pour l'extinction du Controlle des Actes des Notaires, des Lanternes, & pour la réparation du pavé, pour leſquels ils ont été employés dans les Rolles arrêtés par les Syndics & Collecteurs, &c.

Du vingt-trois Juin 1699.

Arreſt du Conſeil d'Etat, qui ordonne que faute par Charles Renoult & ſes Cautions, ſous-Fermier des Aydes de Sens, Nemours, Saint Florentin & Tonnere, d'avoir payé la ſomme de Deux cens trois mille deux cens quatre-vingt livres ſix ſols huit deniers, pour les Termes échûs du prix deſdites Aydes, compris le preſent mois, il ſera procedé au Bureau general des Fermes, aux publications & adjudication de ladite ſous-ferme, à leur folle enchere pardevant Monſieur de Chamillart, ſans qu'il ſoit beſoin de faire d'autres ſignifications qu'au domicile élû, ny d'appoſer affiches qu'aux portes dud. Bureau, pour en jouir par les nouveaux Adjudicataires du premier Octobre prochain ; & qu'au payement de ce qui eſt & ſera dû, ledit Renoult & ſes Cautions ſeront contraints, &c.

Du vingt-trois Juin 1699.

Arreſt du Conſeil d'Etat, qui ordonne que faute par Charles Renoult & ſes Cautions d'avoir payé la ſomme de 122477. liv. 13. ſ. 4 d. pour les Termes échûs du prix du Bail des Aydes de Vitry & Bar-ſur-Aube, juſques & compris le preſent mois, il ſera procedé au Bureau general des Fermes, aux publications & adjudication à leur folle enchere, pardevant Monſieur de Chamillart, ſans qu'il ſoit beſoin de faire d'autres ſignifications qu'au domicile élû, ny appoſer affiches qu'aux portes dudit Bureau, pour en jouir par les nouveaux Adjudicataires, à commencer au premier Octobre prochain, & qu'au payement de ce qui eſt & ſera dû, ledit Renoult & ſes Cautions ſeront contraints, &c.

Du vingt-trois Juin 1699.

Arreſt du Conſeil d'Etat, qui ordonne, ſans s'arrêter à l'oppoſition de Henry de la Porte & de ſes Cautions, dont Sa Majeſté les a déboutés, qu'il ſera paſſé outre à l'execution de l'Arreſt du Conſeil du douze May dernier; ce faiſant, que les publications de la ſous-ferme des droits du Timbre ſur les papiers & parchemins de la Generalité de Riom & Limoges, ſeront continuées, & l'adjudication faite aprés trois remiſes, en la maniere accoûtumée, pour en jouir par ceux qui s'en rendront Adjudicataires au premier Octobre prochain, à l'effet dequoy ſeront les affiches réformées.

Du vingt-trois Juin 1699.

Arreſt du Conſeil d'Etat, qui ordonne que faute par Pierre Puiſſant & Criſtophe Rochette ſa Caution, d'avoir payé les Termes échûs du prix du Bail des Domaines de la Generalité de Grenoble; il ſera procedé au Bureau general des Fermes, aux publications & adjudication de ladite Sous-Ferme, à la folle enchere dudit Puiſſant & ſa Caution, pardevant Monſieur Darmenonville, Conſeiller d'Etat, Intendant des Finances, ſans qu'il ſoit beſoin de faire d'autres ſignifications qu'au domicile élû, ny d'appoſer affiches qu'aux portes dudit Bureau, pour jouir par les nouveaux Adjudicataires, à commencer du premier Octobre prochain; & qu'au payement de ce qui eſt & ſera dû, ils ſeront contraints, &c.

Du trente Juin 1699.

Arrest contradictoire du Conseil d'Etat, qui maintient & garde l'Hôpital du Havre de Grace, dans l'exemption de tous droits d'Entrée, soit des Cinq grosses Fermes, soit des Aydes & autres, tant pour les Boissons qu'autres provisions necessaires audit Hôpital ; comme aussi les Administrateurs & Receveurs pendant leur Administration & maniement, dans l'Exemption de tous droits d'Entrée sans distinction, pour les deux Tonneaux de Vin & de deux Tonneaux de Cidre qui leur est accordé pour chacun d'eux, conformément aux Lettres Patentes du Roy, du seize May 1669. & à l'Arrest du Conseil du six Novembre 1686.

SUITE DE LA TABLE DES DECLARATIONS DU ROY ET ARRESTS DU CONSEIL.

Concernant les Fermes Royales Unies & autres Droits y joints, compris au Bail fait sous le nom de Me. Thomas Templier, donnez pendant les mois de Juillet, Aoust & Septembre 1699.

Du premier Juillet 1699.

ARREST Contradictoire du Conseil d'Estat du Roy, qui ordonne que les Munitionnaires & ceux qui sont chargez de fournir les Marchandises servans à la Conservation, Armement & Navigation des Vaisseaux de Sa Majesté à Rochefort, joüiront des mesmes Privileges & Exemptions dont joüissent les Habitans dudit Rochefort, en donnant leurs Certificats & leurs Soûmisions : Et leur fait Deffenses & à leurs Employez de faire porter & Entrer des Denrées & Marchandises pour autre Usage que celuy des Vaisseaux, sans payer les Droits, à peine de Confiscation des Voitures & des Equipages, & de Trois mil livres d'Amande, &c.

Du septiéme Juillet 1699.

Arrest du Conseil d'Estat, qui Ordonne que l'Arrest dudit Conseil du quatorze Mars dernier, sera executé : Ce faisant, qu'en payant par Pointeau & Templier, leurs Cautions & le Sr Bartet leur Receveur General, au Sr François Berthelot pere, les sommes employées sous son nom, dans les Estats de Repartition des Fermes Unies, échûës depuis le premier Juillet 1698. jusques & compris le quatorze Mars dernier, ils en seront bien & valablement quittes & déchargez envers les Sieurs Gorge pere & fils, Senigon & tous autres, nonobstant leurs

Saisies, Oppositions & autres empêchemens, &c.

Du quatorziéme Juillet 1699.

* Declaration du Roy, qui Ordonne conformément aux Ordonnances & Edits, & en expliquant la Declaration du cinq May 1690. que les peines y portées contre les Commis aux Recettes generales & particulieres, & autres ayant le Maniment des Deniers des Fermes, seront encouruës par les Receveurs en Titre qui les auront diverties, comme s'ils y estoient précisement designez, & qu'elle sera executée à leur égard selon sa forme & teneur.

Du quatorziéme Juillet 1699.

* Arrest du Conseil d'Estat & Lettres Patentes qui Ordonne que la nouvelle Tremuye introduite en consequence de l'Arrest du Conseil du vingt-un Aoust 1696, & Lettres Patentes sur iceluy demeurera diffinitivement établie dans les Deposts & Greniers de la Ferme generale des Gabelles de France: Et que les Sels seront Mesurez & Radez dans les Emplacemens & Distributions en la maniere acoûtumée.

Du quatorziéme Juillet 1699.

Arrest Contradictoire du Conseil d'Estat, qui deboute les Sous-Fermiers des Aydes du Mans de leur Opposition formée à l'Arrest du Conseil du neuf Juin 1699. qui Ordonne que leur Ferme sera publiée à leur Folle-Enchere, &c.

Du quatorziéme Juillet 1699.

Arrest du Conseil d'Estat, qui Ordonne que faute par Charles Bombe Sous-Fermier des Aydes & Droits du Timbre sur les Papiers & Parchemins de la Generalité de Roüen & ses Cautions, d'avoir payé la somme de Trois cens vingt-deux mil cinq cent livres, pour les termes échûs du prix de leur Bail: Il sera procedé au Bureau general des Fermes-Unies, aux Publications, Encheres & Adjudication de ladite Sous-Ferme, aprés trois remises, à leur Folle-Enchere, risques, perils & fortunes: Et pour sureté que les Receveurs & Commis dudit Bombe seront contraints comme Dépositaires de payer à M[e]. Thomas Templier, les sommes par eux reçûës & qu'ils recevront, &c.

Du quatorziéme Juillet 1699.

Arrest du Conseil d'Estat, qui Ordonne que faute par Jacques Senechal & le Sieur Montois sa Caution, d'avoir payé à Me Thomas Templier Fermier General des Fermes-Unies, la somme de Cent quarante-trois mil cinq cent livres, pour les Termes échûs du prix du Bail des Aydes des Elections de Niort, Thouars, Mauleon, S. Maxant & les Sables d'Olonne: Il sera procedé aux Publications, Encheres & Adjudication de ladite Sous-Ferme, à leur Folle-Enchere, risques, perils & fortune, &c.

Du quatorziéme Juillet 1699.

Arrest du Conseil d'Estat, qui Ordonne faute par Pierre Perine Fermier des Aydes des Elections de Clameçy & Bar sur Saine; & des Droits du Timbre sur le Papier & Parchemin de la Generalité de Bourgogne & ses Cautions, d'avoir payé à Me Thomas Templier la somme de Soixante-dix-neuf mil six cens soixante six livres treize sols six deniers, pour le prix de leur Bail écheu; Il sera procedé aux Puplications, Encheres & Adjudication de ladite Sous-Fermes.

Du quatorziéme Juillet 1699.

Arrest du Conseil d'Estat, qui décharge Me Thomas Templier de l'Assignanion à luy donnée en la Cour des Aydes de Paris, à la requeste des Religieux Minimes de Brie Comte-Robert, par Exploit du sept Javier dernier: Et Ordonne qu'aux fins dudit Exploit, les Parties procederont au Conseil pour leur estre fait droit ainsi qu'il appaatiendra.

Du vingt-uniéme Juillet 1699.

Arrest du Conseil d'Estat, qui Décharge Me Thomas Templier & le Sr Chameray son Commis, des Condamnations contre eux prononcées par l'Arrest de la Cour des Aydes de Montauban: Ordonne qu'Estienne Cholet Receveur Titulaire au Bureau de la Foraine d'Auvillars, sera Contraint au payement du Debet de son Compte, &c.

Du vingt-uniéme Juillet 1699.

Arrest du Conseil d'Estat, qui ordonne que la levée des

deux tiers dans les Quinze sols six deniers, dont joüissoit feuë Madame de Guise, sur chacun Muid de Sel de Broüage, sera continuée par les Commis de Me Thomas Templier, conjointement avec les Trente-cinq sols de Broüage, pour en compter par ledit Templier; outre & par dessus le prix de son Bail, &c.

Du vingt-uniéme Juillet 1699.

Arrest du Conseil d'Estat, qui décharge Me Pierre Pointeau de payer les sommes de Vingt-trois mil cens quarente-trois livres sept sols six deniers, & de Trente-un mil quatre cens vingt-cinq livres dix sols neuf deniers: Et Me Thomas Templier celles de Sept mil sept cens quatre livres neuf sols deux deniers, & Dix mil quatre cens soixante-quinze livres cinq sols dix deniers, à Me Dominique Montgrand de Mazade, Commis à l'Exercice des Offices de Receveur & Payeur des Charges assignées sur les Gabelles de Provence & Dauphiné, laissées sous son nom pour les Francs-Salez dans les Estats de Distribution du prix de la Ferme desdites Gabelles, pour l'année 1697. Et en consequence Décharge ledit Montgrand d'en faire Recette dans ses Estats & Comptes: Ordonne qu'il en sera Compté par lesdits Pointeau & Templier; & qu'à l'avenir les fonds des Francs-Salez seront employez dans les Estats des Gabelles sous le nom du Fermier, &c.

Du vingt-uniéme Juillet 1699

Arrest du Conseil d'Estat, sur les Requestes de Me Pierre Ponteau & Thomas Templier, sucessivement Fermiers Generaux des Gabellers; Qui ordonne avant faire droit sur icelles, que le Procureur general du parlement de Dijon, envoyera au Conseil les motifs des Arrests de ladite Cour des Aydes des vingt quatre Septembre & treize Aoust 1696. onze Septembre 1697. dix huit & vingt-quatre Octobre 1698. qui ont Condamnè lesdits Fermiers à délivrer du Franc-Salez à des Officiers & Veuves, pour sur y ceux Veus estre fait droit ainsi qu'il appartiendra: Et cependant que les Estats des Francs-Salez arrestez au Conseil, seront executez, &c.

Du vingt-uniéme Juillet 1699.

Arrest du Conseil d'Estat, qui Ordonne conformé.ent à

l'Avis de Monsieur de la Bourdonnoye Intendant en la Generalité de Roüen, qu'il sera construit une nouvelle Romaine en la Ville de Roüen sur le nouveau Plan, sur lequel il sera dressé un Devis des Ouvrages necessaires, & ensuite procedé au rabais d'icelles, aux conditions portées par le Memoire arresté entre les Maire & Eschevins & le Sieur de Blair Fermier general : A la charge par Me Thomas Templier, de faire suivant ses Offres, les avances des fonds pour ladite Construction & le dédommagement des Maisons, dont il sera remboursé à la fin de son Bail, par le Fermier qui luy succedera, &c.

Du vingt-huitiéme Juillet 1699.

Arrest du Conseil d'Estat, qui Ordonne que faute par Joseph Greffier & ses Cautions, d'avoir payé à Me Thomas Templier la somme de Quatre-vingt-seize mil six cens soixante-six livres treize sols quatre deniers, pour les termes échûs du prix du Bail des Aydes des Elections de Melun, Rozoy Provins & Coulommiers ; Il sera procedé aux Publications, Encheres & Adjudications de ladite Sous-Fermes à leur Folles-Enchere, risques, perils & fortunes, &c.

Du vingt-huitiéme Juillet 1699.

Arrest du Conseil d'Estat, qui Ordonne que l'Ordonnance des Gabelles du mois de May 1680. les Declarations des 6. Juin 1685. & 25. Novembre 1687. & les Arrests du Conseil rendus en consequence seront executez. Casse le Bail des Regrats fait a François Duchesnay, & les Sous-Baux & Arieres-Baux fait en conformité d'iceluy : Et qu'il sera procedé par Me Thomas Templier à des nouveaux-Sous-Baux desdits Regrats, à commencer du premier Octobre prochain, lesquels seront Registrez sans frais, &c.

Du vingt-huitiéme Juillet 1699.

Arrest du Conseil d'Estat, contre les Femmes & Filles convaincuës de Faux-Saunage, és Greniers de Caën, Bayeux & Falaise : Qui ordonne que celles qui sont & seront détenuës dans les Prisons desdites Villes, seront transferées dans la Maison de la Goubliniere à l'extremité d'un des Fauxbourgs de Caën, pour y estre enfermées comme dans lesdites Pri-

..s, jusqu'à ce qu'elles ayent satisfait au payement des Amendes ausquelles elles ont esté & seront condamnées, &c.

Du vingt-huitiéme Juillet 1699.

Arrest Contradictoire du Conseil d'Estat, qui ordonne que sans s'arrester à la Requeste des Sieurs Accault, Boutault, Passerat, Clement & Tiroux, Sous-Fermiers sous les noms de Georges Forestier & Charles Renoult, des Aydes & Droits y joints Papier & Parchemin timbré de la Generalité de Lyon, Aydes & Droits y joints des Elections de Sens, Tonnere, S. Florentin, Vezelay, Nogent, Nemours, Vitry & Barsuraube, ny aux Oppositions par eux formée à l'execution des Arrests du Conseil du 23. Juin dernier, Saisies Réelles & Appellations dont ils sont deboutez : Que lesdits Arrests seront executez, & en consequence passé outre à la Publication & Adjudication à leur Folle-Enchere, de la Ferme des Aydes desdites Elections de Sens, Tonnere, S. Florentin, &c.

Du vingt-huitiéme Juillet 1699..

Arrest Contradictoire du Conseil d'Estat, qui Ordonne sans s'arrester à la Requeste de Charles Danisy & ses Cautions, que l'Arrest du neuf Juin dernier sera executé ; Et en consequence qu'il sera passé outre à la Publication & Adjudication de la Ferme des Aydes des Elections de Reims & Châlons, Papier & Parchemin Timbré de la Generalité de Champagne, à leur Folle-Enchere, nonobstant Opposition, &c.

Du vingt-huitiéme Juillet 1699.

Arrest du Conseil d'Estat, qui Ordonne faute de payement fait par Pierre Vautier & ses Cautions, de la somme de Cent six mil livres treize sols quatre deniers à Me Thomas Templier, pour les termes échûs du prix du Bail des Aydes de Troyes ; Il sera procedé aux Publications, Encheres & Adjudication de ladite Sous-Ferme, à leur Folle-Enchere, risques, perils & fortune, &c.

Du vingt-huitiéme Juillet 1699.

Arrest du Conseil d'Estat, qui Ordonne que faute par Pierre Roudiere & ses Cautions, d'avoir payé à Me Thomas

Templier la ſomme de Soixante ſeize mil cinq cens vingt livres ſix ſols huit deniers, pour les termes échûs du prix du Bail des Aydes des Elections de Giſors, Magny, Chaumont & Pontoiſe ; Il ſera procedé aux Publications, Encheres & Adjudication de la ladite Sous-Ferme à leur Folle-Enchere, riſques, perils & fortune, &c.

Du quatriéme Aouſt 1699.

Arreſt Contradictoire du Conſeil d'Eſtat, qui Ordonne que les Articles XIX. & XXVII. du Reglement de 1599. ſeront executez : Ce faiſant que les Meſures du Minot dont on ſe ſervira pour les Chargemens dans les Salines de Pecais, ſeront de forme ronde avec une barre au milieu, & de la hauteur & diametre que le Minot dont on avoit accoûtumé de ſe ſervir ; Que le Sel ſera meſuré en la maniere dite VOLTEVOLUN, à minement & Pelle renverſée, & que le Minot ſera razé ſans laiſſer grain ſur bord : Fait deffenſes aux Meſureurs & Razeurs de Meſurer & Razer autrement, ny de mettre ſur le Minot aucun Sel aprés qu'il aura eſté razé à peine de perte de leurs Offices & de Cinq cens livres d'Amende : Enjoint aux Officiers des Salines de Pecais de tenir la main à l'execution du preſent Reglement, à peine d'en répondre.

Du quatriéme Aouſt 1699.

Arreſt du Conſeil d'Eſtat, qui Ordonne que le Procez commencé par les Officiers du Grenier à Sel de Preüilly, contre François la Jaille pour Faux-Saunage, ſera continué par les Officiers du Grenier à Sel de Chinon, auſquels Sa Majeſté en attribuë toute Cour, Juriſdiction & Connoiſſance, ſauf l'Appel en la Cour des Aydes, &c.

Du quatriéme Aouſt 1699.

Arreſt du Conſeil d'Eſtat, qui Ordonne que par Mᵉ Thomas Templier ou le Receveur du Grenier à Sel de Paris, il ſera fait délivrance à l'Hôpital general & à celuy des Enfans trouvez, de la quantité de Deux Muids de Sel d'Augmentation pendant l'année commencée au premier Octobre 1698. outre & pardeſſus les Huit Muids employez dans l'Eſtat des Francs-Sallez, ſans aucuns frais ny Droits, dont il ſera tenu compte audit Templier, sur le prix de son Bail, &c.

Du quatrieme Aoust 1699.

Arrest du Conseil d'Estat, Qui permet à Me Thomas Templier de faire à ses frais sans aucune repetition, les Ouvrages qu'il trouvera à propos pour le Submergement & Deperissement des Fontaines Sallées, & de prendre pour cet effet telles portions de Terres ou Prez qui seront necessaires, à la charge d'indemniser les Proprietaires : Fait Sa Majesté deffenses à toutes personnes de ruiner, changer ou alterer les Travaux qu'il aura fait faire, à peine de Trois mil livres d'Amende, &c.

Du onziéme Aoust 1699.

Arrest du Conseil d'Estat, qui Ordonne (sans s'arrester à l'Opposition de Pierre Perine & ses Cautions, Fermier de Aydes de Clamecy & Bar-sur-Seine, & du Papier & Pachemin Timbrez de la Generalité de Bourgogne & Bresse, dont Sa Majesté les a deboutez) que l'Arrest du Conseil du quatre Juillet dernier, qui Ordonne que leur Ferme sera publiée à leur Folle-Enchere sera executé, nonobstant toutes Oppositions & Empeschemens pour lesquelles ne sera differé.

Du onziéme Aoust 1699.

Arrest du Conseil d'Estat, Qui deboute Pierre Puissant & sa Caution, Fermier des Droits Domaniaux de la Generalité de Grenoble, de leurs Oppositions : Et Ordonne que l'Arrest du Conseil du vingt-trois Juin dernier, qui Ordonne que ladite Sous-Ferme sera publiée à leur Folle-Enchere, sera executé selon sa forme & teneur, &c.

Du dix-huitiéme Aoust 1699.

* Arrest du Conseil d'Estat, qui Ordonne qu'en payant comptant par Jean-Aaron de Blair de la Motte, la somme de Cent mil livres à Me Bartet Receveur general des Fermes Unies, pour estre employée au payement des Debets des Comptes du Sr Garot, & raportant pour luy la Quittance dudit Bartet & celle du Marc d'Or ; Il luy sera expedié des Provisions de l'Office de Conseiller du Roy, Receveur du Grenier à Sel de Paris, pour en joüir, ensemble des Gages, Augmentations de Gages

Gages, Bons de Masse & autres Droits, Profits, Emolumens dont joüissoit ledit Garot, &c.

Du dix-huitiéme Aoust 1699.

Arrest du Conseil d'Estat, qui Ordonne que faute par Louis Garot de fournir sa Procuration *ad Resignandum* de l'Office de Conseiller de Sa Majesté, Receveur au Grenier à Sel de Paris, trois jours aprés la Sommation qui luy en sera faite à son dernier domicile ; Il sera passé outre à l'Expedition des Provisions, conformément à l'Arrest du Conseil de ce jourd'huy & en vertu du present qui vaudra Procuration, ce qui sera executé nonobstant toutes Oppositions, &c.

Du dix-huitiéme Aoust 1699.

Arrest du Conseil d'Estat, sur un risque arrivé entre les Gardes des Gabelles de S. Valery sur Somme, & des Faux-Sauniers qui s'estoient retirez dans la Maison de Nicolas Fricourt, Habitant de la Paroisse de Nibat ; Qui Ordonne que les Informations & Procedures faites tant par les Officiers du Baillage d'Amiens, que par les Officiers du Grenier à Sel de S. Valery, seront envoyées au Greffe du Conseil pour y estre reglées de Juges : Et cependant que l'Instruction du Proces sera continuée par les Officiers desdites Gabelles jusqu'à Jugement diffinitif, &c.

Du vingt-cinquiéme Aoust 1699.

Arrest du Conseil d'Estat, qui Accorde Quatorze Muids six Septiers deux Minots de diminution sur l'Impost du Sel fait dans les Paroisses des Greniers à Sel d'Issoudun, Buzançois, la Chastre & Argenton, pour l'année prochaine 1700. desquels il sera arresté un Estat de Repartition par Monsieur de Seraucourt Commissaire Deputé en la Generalité de Bourges.

Du premier Septembre 1699.

* Arrest du Conseil d'Estat, qui Ordonne que le Fermier du Domaine d'Occident, percevra Quarente sols tant dans les Trois livres ausquels les Quatres livres d'Entrée sur les Sucres bruts venans des Isles de l'Amerique ont esté reduits, que dans les Quinze livres ausques les Droits d'Entrée sur les Sucres terrez ont esté augmentez ; Et dans les Vingt-deux livres dix

sols ausquels les Droits d'Entrée sur les Sucres rafinez venans desdites Isles ont aussi esté augmentez : Et que l'Adjudicataire des Fermes-Unies percevra Vingt sols seulement dans lesdits Trois livres de Droits d'Entrée sur lesdits Sucres bruts, Treize livres desdits Quinze livres sur les Sucres terrez, & Vingt livres dix sols desdits Vingt-deux liures dix sols sur les Sucres rafinez venans desdites Isles Françoises de l'Amerique ; Si mieux n'aime le Fermier du Domaine d'Occident, percevoir Trente sols desdits Trois livres, Quatre livres desdits Quinze livres & Six livres desdits Vingt-deux livres dix sols. Et qu'il sera tenu d'Opter dans huitaine du jour de la Signification du present Arrest.

Du premier Septembre 1699.

Arrest du Conseil d'Estat, qui Ordonne qu'à la diligence de Me Thomas Templier, il sera par Monsieur Bignon Intendant en la Generalité d'Amiens ou son Subdelegué, informé du Vol des Sels & Faux-Saunage fait à S. Valery, lors de l'Emplacement & Relevement des Sels faits en la presente année, & le Procez fait aux Coupables avec les Officiers du Grenier à Sel d'Abbeville ou Graduez qu'il voudra choisir, &c.

Du premier Septembre 1699.

Arrest du Conseil d'Estat, sur un risque arrivé entre les Capitaine, Lieutenant & Gardes de la Brigade de Javron : Et Louis Goupil, Michel le Mercier & autres Faux-Sauniers : Qui ordonne avant faire droit que les Procedures faites tant par les Officiers du Grenier à Sel, que par le Juge de la Seide Lassay seront envoyées au Greffe du Conseil, pour icelles vuës & raportées estre Ordonné ce qu'il appartiendra ; Et cependant que la Procedure commencée par les Officiers du Grenier à Sel sera continuée ; Et deffenses de faire aucune Poursuite ny de mettre la Sentence du sept Mars à execution, &c.

Du premier Septembre 1699.

Arrest du Conseil d'Estat, qui Ordonne que par Me Barantin Commissaire Départy en Flandres ; Il sera informé des Fraudes commises par Jacob Buisson Marchand à Ipres, qui a fait Entrer des Sucres sans payer aucuns Droits ; Pratiqué

& corrompu les Officiers dudit Bureau & autres, & le Procez fait aux Coupables en dernier ressort. & luy Permet de Subdeleguer pour faire ladite Information, &c.

Du quinziéme Septembre 1699.

Arrest du Conseil d'Estat, qui Ordonne conformément à l'Avis de Monsieur de la Moignon de Basville Intendant en Languedoc; Que le Proprietaire ou Titulaire de l'Office de Controlleur des Gabelles à Narbonne, remettra ses Tittres & Quittances de Finances entre les mains de Monsieur de Chamillart Controlleur General des Finances, pour en estre la Finance liquidée au Conseil & Remboursée suivant les offres de Mᵉ Thomas Templier s'il y écheoit; Et fait deffenses d'executer l'Arrest de la Cour des Aydes de Montpeller du Novembre 1698. à peine, &c.

Du vingt-deuxiéme Septembre 1699.

Arrest du Conseil d'Estat, qui Ordonne que l'Arrest du Conseil du vingt-huit Juillet dernier sera execuṫé; Et que pardevant Monsieur Bignon de Blanzy, que Sa Majesté a Commis & Subrogé au lieu de Monsieur Chamillart, il sera procedé à l'Adjudication de la Sous-Ferme des Aydes des Elections de Gisors, Chaumont, Magny & Pontoise, à la Folle-Enchere de Pierre Roudier & de ses Cautions, nonobstant Oppositions, &c.

Du vingt-deuxiéme Septembre 1699.

Arrest Contradictoire du Conseil d'Estat, sans avoir égard à l'Oppsition formée par Michel Louis Sous-Fermier des Regrats des Greniers à Sel de Paris & Poissy, à l'execution de l'Arrest du Conseil du vingt-huit Juillet dernier, dont Sa Majesté la debouté; Ordonne que ledit Arrest & le Bail fait en consequence par Mᵉ Thomas Templier, à Michel Pottier, de la Sous-Ferme generale des Regrats de France, le dix Septembre dernier seront executez, & fait deffenses audit Louis & à tous autres de le trouber à peine, &c.

Du vingt-deuxiéme Septembre 1699.

Arrest du Conseil d'Estat, sur la Requeste de Mᵉ Thomas Templier, concernant le Peage appellé des Conseigneurs de la

Vile d'Avignon : Qui ordonne que ladite Requeste sera communiquée ausdits Conseigneurs, & que dans la quinzaine du jour de la Signification qui leur en sera faite, il seront tenus de representer pardevant Monsieur de Basville Commissaire Déparry en Languedoc, les Titres du Péage par eux pretendus qui seront Communiquez audit Templier, desquels Titres ledit Sieur de Basville dressera son Procez verbal, ensemble des Contestations des Parties, pour iceluy veu au Conseil avec son Avis estre fait droit ainsi qu'il appartiendra.

Du vingt-neuviême Septembre 1699.

* Arrest du Conseil d'Estat, qui ordonne que les Fermiers & Sous-Fermiers des Domaines, tant du Bail courant que de ceux qui leur succederont, ne pourront faire aucunes poursuites pour le Recouvrement des Droits Seigneuriaux casuels, qui se trouveront écheus pendant le cours de leurs Fermes, à moins que pendant les trois années qui auront suivy immediatement leurs Baux, ils n'en ayent fait Demande en Justice : Et aprés lesdites trois années expirées, lesdits Droits dont la Demande n'aura point esté faite, appartiendra aux Fermiers des Baux courans, sans que les precedens y puissent rien pretendre : Et que les Droits écheus pendant les precedens Baux jusqu'au courant, appartiendront aux Fermiers qui estoient lors en Ferme.

A PARIS,
Chez la Veuve SAUGRAIN, à l'entrée du Quay de Gesvres, du costé du Pont au Change, au Paradis.

SUITE DE LA TABLE
DES ARRESTS DU CONSEIL.

CONCERNANT les Fermes Royales Unies & autres Droits y joints, compris au Bail fait sous le nom de Me Thomas Templier, donnez pendant les mois d'Octobre, Novembre & Decembre 1699.

Du six Octobre 1699.

ARREST du Conseil d'Etat, sur la Requeste de Me Thomas Templier, Fermier General des Gabelles, concernant un Versement de Sel fait en la Ville du Mans, & Visite chez Pierre Menant Notaire, Qui Ordonne que par les Officiers du Grenier à Sel de Bonnestable, il sera informé des faits contenus en icelle, circonstances & dépendances, & le Procés fait aux Coupables, sauf l'Appel en la Cour des Aydes: Et que les Procés Verbaux & Procedures, si aucunes ont esté faites, seront portées au Greffe dudit Grenier, &c.

Du six Octobre 1699.

Arrest contradictoire du Conseil d'Etat, qui ordonne que les Correcteurs & Religieux Minimes d'Ableville en Picardie, joüiront des Privileges & Exemptions, de tous Droits de

Sortie, Comptablie, Courtage, Convoy & autres établis à Bordeaux, comme aussi des Droits de Subvention, Peages & autres établis à S. Valery, qui leur ont esté accordez, pour les Vivres qu'ils feront acheter pour la Provision de leur maison, &c.

Du treize Octobre 1699.

Arrest contradictoire du Conseil d'Etat, qui maintient les Habitans de la Paroisse de Gesté estant au-de-là du Ruisseau de la Sougneuse, & ceux des quatre Maisons en deça appellées la Couche-Loüere, le Champ Mauvoisin, la Gante, le derriere & le Soullery, dans leurs Franchises & Exemptions de Gabelles, & leur permet de se fournir de Sel en la Ville de Clisson pour leur usage & consommation, ainsi qu'ils ont accoûtumé.

* *Du dix Novembre 1699.*

Arrest contradictoire du Conseil d'Etat, qui ordonne que les Lettres Patentes de 1584. 1595. 1641. & 1644. les Traitez des dix-huit Novembre 1670. & dix-huit Decembre 1696. seront executez; ce faisant maintient & garde les Maires, Echevins, Marchands & Habitans de la Ville & Principauté de Sedan, en l'Exemption de la moitié des Droits pour les Bestiaux, Denrées, Marchandises & autres choses qu'ils tirent de France, pour estre consommées, employées ou débitées dans ladite Principauté, à la charge de payer l'autre moitié au Bureau du Suplément étably à Sedan, lorsqu'ils transporteront lesdites choses aux Pays Etrangers; & maintient lesdits Habitans dans les autres Exemptions mentionnées audit Arrest, &c.

Du dix Novembre 1699.

Arrest contradictoire du Conseil d'Etat, qui ordonne que les Arrests des trois Juin & sept May 1681. & Lettres Patentes du vingt quatre Juillet 1691. seront executez; & en consequence, maintient les Maires, Echevins, & Habitans & Communauté de la Ville de Rocroy & autres, Bourgs & Lieux mentionnez audit Arrest & Hameaux en dépendans, dans l'Usage où ils sont d'achepter par Minot, demy-minot, quart, & à la livre la quantité de Sel qui leur est necessaire pour leur provision, sans en abuser.

Du dix Novembre 1699.

Arrest contradictoire du Conseil d'Etat, qui reçoit les Marchands Forains à la Halle aux Toilles de Paris, opposans à l'execution de l'Arrest du Conseil du vingt-trois Janvier 1691. & fait défenses d'éxiger sur les Toilles autres & plus grands Droits que ceux portez par l'Ordonnance de 1681. & le Tarif y attaché, à peine de tous dépens, dommages & interests.

Du dix Novembre 1699.

Arrest contradictoire du Conseil d'Etat, qui ordonne que les Habitans d'Ancerville & de Montier-sur-Saux, représenteront leurs titres pardevant Monsieur de Pommereu, au sujet de l'Exemption des Droits de Domaine & Foraine, sur leurs Vivres, Denrées & Marchandises qu'ils prétendent avoir, pour iceux vûs & communiquez à Me Thomas Templier, en estre par luy dressé Procès Verbal, ensemble des dires & contestations des Parties, pour le tout vû & rapporté au Conseil, avec son Avis estre fait droit à qui il appartiendra.

Du vingt-quatre Novembre 1699.

Arrest du Conseil d'Etat, qui ordonne que dans quinzaine les cautions de Georges Forestier, présenteront & affirmeront le Compte des Aydes & Droits y joints de la Generalité de Lion: Et faute de ce faire, qu'ils seront contraints au payement de ce qu'ils doivent du prix de leur Bail, par les voyes qu'ils y sont obligez, nonobstant la faculté à eux accordée de compter comme de Clerc à Maistre, &c.

Du premier Decembre 1699.

Arrest du Conseil d'Etat, qui nomme les sieurs Hamelin & Forcet du consentement des Interessez au Bail de Templier, pour remplir les places des sieurs Lejariel & Remond, dans ledit Bail, & avoir le même interest dans la Societé, à commencer du premier Octobre dernier, pour les Gabelles, Cinq Grosses Fermes, & Aydes, & pour les Domaines du premier Janvier prochain: Et que ledit Sieur Forcet continuëra le service desdites Fermes dans le Bureau des Gabelles au lieu du feu sieur Lejariel, & ledit sieur Hamelin dans celuy des Aydes & Domaines au lieu du feu sieur Remond.

Du premier Decembre 1699.

Arrest contradictoire du Conseil d'Etat, qui ordonne avant faire droit sur la Requeste de Me Thomas Templier, qu'il fera arrêter son Compte de ce qu'il prétend luy estre dû par Loüis Gartot, cy-devant Receveur au Grenier à Sel de Paris, en présence des Creanciers dudit Loüis Garrot, pardevant Monsieur de Caumartin Conseiller d'Etat, Intendant des Finances, pour le compte vû & rapporté au Conseil, estre ordonné ce qu'il appartiendra.

* *Du huit Decembre 1699.*

Arrest du Conseil d'Etat, qui ordonne conformément à l'Article XVI. du Titre dix-sept de l'Ordonnance des Gabelles de 1680. Que les domiciliez qui achepteront du Faux Sel pour leur Usage, seront condamnez à deux cens livres d'amendes pour la premiere fois; à cinq cens livres pour la seconde; à mil livres pour la troisiéme, & ainsi à proportion en cas de recidive: Fait defenses aux Officiers du Grenier à Sel de Langres, & des autres Greniers de la Ferme generale des Gabelles, de moderer lesdites amendes à peine d'interdiction, & que le présent Arrest sera lû, publié l'Audience tenant, & enregistré aux Greffes des Greniers à Sel de ladite

Ferme, à la diligence des Procureurs du Roy desdits Sieges.

Du huit Decembre 1699.

Arrest contradictoire du Conseil d'Etat, entre Me Thomas Templier, Fermier General des Gabelles de France, & les Jurez Hanoüards Porteurs de Sel au Grenier de Paris, qui renvoye les Parties en la Cour des Aydes de Paris, pour y proceder entr'elles sur l'appel interjeté par ledit Templier, de la Sentencence des Officiers du Grenier à Sel de Paris du trente-un Decembre 1698. circonstances & dépendances suivant les derniers erremens.

Du huit Decembre 1699.

Arrest du Conseil d'Etat, concernant deux Ballots de Tabac de contrebande saisis par les Gardes des Fermes de la Brigade de Cessé en Bourgogne sur deux particuliers, qui ordonne que les charges & informations du Procès criminel dont est question, seront envoyées au Greffe du Conseil, pour estre fait droit sur le Reglement de Juge ainsi que de raison, & que l'Instruction dudit Procès sera faite par le Juge des Fermes jusqu'à Jugement diffinitif, & qu'à cet effet le Prisonnier sera transferé dans ses Prisons, à quoy faire le Geolier contraint.

Du huit Decembre 1699.

Arrest du Conseil d'Etat, sur la Requeste de Jeanne & Marie-Charles, veuves de Julien, & Loüis Leguay, Huissiers Ordinaires du Roy en ses Conseils d'Etat & Privé, qui déclare l'Arrest du vingt-quatre Juillet 1691. commun avec lesdites Jeanne & Marie Charles, & en consequence, qu'elles joüiront pendant leurs viduitez d'un Minot de Sel chacune, dont leur sera fait délivrance, en payant le prix du Marchand, & les droits ordonnez par les Edits des mois de May 1690. & Octobre 1694.

* *Du quinze Decembre 1699.*

Arrest du Conseil d'Etat du Roy, qui ordonne qu'à commencer du premier Janvier prochain jusqu'au dernier Avril suivant ; il ne sera levé aux Entrées du Royaume sur les Beurres & Fromages venans des Pays Etrangers, que Trente sols par cent pesant, à l'exception des Beures d'Hollande sur lesquels il ne sera levé que douze sols du cent pesant.

Du vingt-deux Decembre 1699.

Arrest du Conseil d'Etat, sur un risque arrivé entre les Gardes de la Brigade de S. Valery sur Somme, Poursuivant une Bande de Faux Sauniers qui estoient sur le soir dans la maison de Nicolas Fricourt, Habitant de la Paroisse de Nibat, qui déboute ledit Fricourt de son opposition à l'execution d'un Arrest du Conseil du dix-huit Aoust 1699. qui ordonne, sans s'arrêter à l'Arrest du Parlement du vingt-un Juillet précédent, que les charges & informations respectives seroient envoyées au Greffe du Conseil, pour y estre statué sur le Reglement de Juge, & que l'instruction du Procès seroit continuée par les Officiers du Grenier à Sel de S. Valery, jusqu'à Jugement diffinitif; & ordonne que ledit Arrest du dix-huit Aoust 1699. sera executé, à ce faire les Greffiers dudit Orenier à Sel, & du Présidial d'Amiens contraints, nonobstant tous autres empêchemens generalement quelconques.

Du vingt-deux Decembre 1699.

Arrest du Conseil d'Etat, sur la Requeste de Me Thomas Templier, Fermier General des Gabelles de France, concernant l'insulte faite à deux Gardes que le Receveur au Grenier à Sel de Sainte Menehould a envoyé au Château d'Olizy, par Monsieur le Comte de Bouret, & ses Domestiques & Paysans dudit lieu, qui ordonne que les informations & autres procedures criminelles faites tant par les Officiers du Baillage, que par ceux du Grenier à Sel de Sainte Menehould, seront apportées au Greffe du Conseil, moyennant salaires, à quoy faire les Greffiers seront contraints, & que par les Officiers dudit Grenier à Sel la procedure criminelle sera continuée, & le Procés fait coupables jusqu'à Jugement diffinitif, & les accusez transferez dans la prison dudit Grenier.

Du vingt-deux Decembre 1699.

Arrest du Conseil d'Etat, concernant le Bureau de la nouvelle Romaine de Roüen, qui ordonne que les Maires & Echevins de ladite Ville représenteront à Monsieur de la Bourdonnaye Commissaire Départy en la Generalité de Roüen, les titres de la proprieté par eux prétenduë des maisons qu'ils possedent le long du Quay de ladite Ville, adossées contre les murs d'icelle; & les particuliers qui se prétendent propriétaires des maisons qui sont dans l'enceinte de ladite Ville, & contre ledit mur, pour en estre dressé Procès Verbal par ledit Sieur Intendant, & iceluy envoyé au Conseil avec son avis, estre ordonné ce qu'il appartiendra.

Du vingt-neuf Decembre 1699.

Arrest contradictoire du Conseil d'Etat, sur la Requeste de Me Thomas Templier, concernant l'Entrée des Soyes d'Espagne en France, qui ordonne qu'elle sera communiquée tant au Sindic de la Province de Languedoc, qu'aux Marchands, Propriétaires des Soyes saisies; & qu'ils seront entendus sur icelle avec ledit Templier, pardevant Monsieur de Basville Conseiller d'Etat, Commissaire départy en la Province de Languedoc, qui dressera son Procès verbal de leurs dires & contestations, [illegible] estre fait droit ainsi qu'il appartiendra, & cependant que les Ordonnances & Reglemens sur le fait des Soyes Etrangeres en France, & les Arrests du Conseil rendus en consequence seront executez selon leur forme & teneur.

A PARIS,

Chez la V. SAUGRAIN, à l'entrée du Quay de Gêvres, du côté du Pont au Change au Paradis.

SUITE DE LA TABLE

DES ARRESTS DU CONSEIL

Concernant les Fermes Royales Unies, compris au Bail de Maistre Thomas Templier, donnez pendant l'année entiére 1700.

Du cinquième Janvier 1700.

* ARREST du Conseil en interpretation de l'Article V. de la Declaration du mois de Fevrier 1664. par lequel Sa Majesté declare n'avoir entendu par ledit Art. V. que l'amende de cent livres, prononcée contre les Femmes & Filles Fauxsonnieres à Porte-col pour la premiere fois, soit convertie en la peine du foüet, faute d'avoir payé ladite amende dans le mois; en consequence ordonne qu'il sera procedé incessamment au Jugement du Procez de Marie Arnaude, & Anne Blanque, suivant les derniers erremens.

Du huitiéme Janvier 1700.

Arrest du Conseil, concernant un abonnement de droits sur les Bas de laine tricotez, fait entre le Fermier & les Echevins de Tournay; moyennant lequel les Laines & Fils de sayette sortent de ladite Ville de Tournay, & sont portés dans les Villages Espagnols, des Châtellenies voisines sans payer le droit de sortie du Tarif de 1671. Ordonne que l'Arrest du onze Aoust 1699. sera executé selon sa forme & teneur, & déboute Templier de sa Requeste.

Du douziéme Janvier 1700.

Arrest du Conseil concernant le Sel de Péage que les Conseigneurs de la Ville d'Avignon perçoivent sur les Sels montans la Riviere du Rosne, duquel les Chartreux de Villeneuve les-Avignon, ont fait voiturer de ladite Ville d'Avignon audit Villeneuve, la quantité de vingt Minots; Renvoye la Requeste au sieur de Basville, Intendant en Languedoc, pour sur icelle estre par luy fait droit, ainsi que pour l'execution de l'Arrest du Conseil du vingt-deux Septembre dernier,

Du douziéme Janvie 1700.

Arrest du Conseil, qui ordonne que par le sieur Sanson Intendant en la Generalité de Soissons, il sera informé des faits contenus dans la Plainte de Nicolas de Bourges Commis au Controlle du Grenier à Sel de la Ferté-Milon; pour l'Information apportée & veuë au Conseil estre fait droit; & cependant fait deffenses aux Officiers dudit Grenier à Sel de troubler ledit de Bourges dans les fonctions dudit Controlle, à peine d'interdiction, &c.

Du dix-neuviéme Janvier 1700.

Resultat du Conseil, qui adjuge à Templier la joüissance des vingt sols par Minot imposez par Edit du mois d'Octobre 1694. à l'exception de la moitié des Droits Manuels alienez, suivant la reduction faite par Declaration du douze Decembre 1699. & ce pour trois ans neuf mois, à commencer du premier Janvier 1700. moyennant deux cens mil livres par an.

Du dix-neuviéme Janvier 1700.

Arrest du Conseil, concernant une Capture de Tabac fait à la Redoute du Pont de Stenay par les Gardes de la Ferme, sur deux Faux-sauniers; Ordonne que sans s'arrester à l'opposition faite le 25. Decembre 1699. tant par le Prevost de Stenay, que par le Procureur Fiscal, & le Greffier de la Jurisdiction; l'Arrest du huit dudit mois de Decembre sera executé selon sa forme & teneur, nonobstant toutes Oppositions faites ou à faire.

Du dix-neuviéme Janvier 1700.

Arrest du Conseil, qui évoque au Conseil le Procez extraordinaire intenté à la Requeste de Templier, contre les sieurs Barthelemy & Claude Jeremie, pardevant le Juge des Fermes à Marseille; & iceluy circonstances & dépendences, renvoyé padevant le sieur le Bret Intendant en Provence; Ordonne à cet effet que les Informations & procedures commencées par ledit Juge des Fermes, seront remises au Greffe de l'Intendance, pour estre continuées par ledit sieur le Bret ou son Subdelegué, & le Procez fait & par fait ausdits Jeremie, & jugé en dernier ressort

Du vingt-sixiéme Janvier 1700.

Arrest du Conseil, portant que sans s'arrester à la Sentence du Juge des Traites de Langres du 19 Decembre 1699. Ordonne que l'Arrest du Conseil du 19 Novembre 1697. sera executé selon sa forme & teneur; & en consequence, que M. François Daguin Commis par Templier à la Recette du Bureau des Traites de Maatz, sera installé dans ladite Commission; & que les Registres luy seront remis par Jean-Baptiste Bizot Titulaire, & André Loys son Commis, à ce faire contraints par toutes voyes mesme par corps.

Du vingt-sixiéme Janvier 1700.

* Arrest du Conseil, qui ordonne que les Faux-Sauniers à Porte-Col recidiveurs pour la troisiéme fois, seront derechef condamnez à la peine des Galeres pour six ans, & en trois cens livres d'amende.

Lettres Patentes en concequence du neuf May .1700. Registrée en la Cour des Aydes le vingt-sept desdits mois & an.

Du trentiéme Janvier 1700.

* Arrest du Conseil, qui ordonne que celuy du 2. Avril 1686. sera executé selon sa forme; & en concequence décharge les Marchands de Laval de prendre des Acquits à Caution pour les Marchandises qu'ils envoyeront dans le dedans du Royaume où les Aydes ont cours : Fait deffenses à Templier, ses Procureurs ou Commis, de troubler à l'avenir lesdits Marchands, à peine de tous dépens, dommages & interests.

Du trentiéme Janvier 1700.

* Arrest du Conseil, portant exemption de tous Droits d'Entrée & de Sortie pour les Marchandises venant des Pays Etrangers, entrant & sortant par Mer, de la Ville, Port &

Havres de Dunkerque : Ordonne que les Bureaux établis dans lesdits Ports, Havres & Ville de Dunkerque seront ôtez & établis aux Portes de ladite Ville du costé de la terre, ou autres lieux plus convenables aux environs de ladite Ville.

Lettres Patentes en consequence du seize Fevrier 1700. Registrées en la Cour des Aydes le quatriéme Mars ensuivant.

Du neuviéme Fevrier 1700.

Arrest du Conseil, qui ordonne que les Informations faites tant par les Visiteurs des Gabelles de Narbonne, que par le Juge de l'Amirauté dudit lieu, pour raison de l'assassinat commis en la personne du nommé Yot Garde des Gabelles, seront envoyées au Greffe du Conseil pour y estre les Parties reglées de Juges ; & cependant que l'instruction dudit Procez criminel sera continuée par ledit Visiteur : Fait deffenses audit Juge de l'Amirauté, & au Parlement de Toulouze d'en prendre connoissance.

Du neuviéme Fevrier 1700.

* Arrest du Conseil qui permet à la Colonie de Canada de vendre, trafiquer & négocier librement, tant en France que dans les Pays Etrangers, tous les Castors provenans des Traittes dudit Pays, à commencer par ceux de l'année 1699. le tout en payant le quart en espece de tous lesdits Castors au Fermier du Domaine d'Occident.

Du neuviéme Fevrier 1700.

Arrest du Conseil, pour faire publier la Ferme du Controlle des Exploits de la Ville de Paris, à la folle-enchere du sieur Berin & ses Cautions.

Du seiziéme Fevrier 1700.

Arrest du Conseil, qui évoque au Conseil les poursuites & procedures faites en la Cour des Comptes de Montpellier & au Parlement de Grenoble, & l'Instance en reglement de Juges pendante au Conseil, au sujet des Bleds chargez par le nommé Claude Paris, dit la Montagne, pour les faire remonter sur le Rosne, desquels les Voituriers & Conducteurs ont fait de fausses declarations au Bureau d'Arles;

renvoye le tout, circonstances & dépendances, pardevant le sieur d'Herbigni Intendant à Lyon, pour entendre les Parties, dresser son Procez Verbal de leurs dires & contestations, & donner son avis sur le tout.

Du seiziéme Fevrier 1700.

Arrest du Conseil, qui Ordonne que le Syndic des Habitans de l'Isle de Ré sera entendu avec Templier, pardevant le sieur Begon Intendant à la Rochelle, qui dressera Procez Verbal de leurs dires & contestations, au sujet des Privileges desdits Habitans de l'Isle de Ré, pour iceluy veu au Conseil avec son avis, leur estre fait droit.

Du vingt-cinquiéme Fevrier 1700.

* Arrest du Conseil, portant que ceux des Habitans de la Ville de Dunkerque qui voudront aller à la Pêche des Moluës, ou Cabillauts, seront tenus de representer les Barils dont ils voudront se servir pardevant le Magistrat de ladite Ville, pour estre roüannez par le Receveur ou autre Commis de la Ferme du Bureau le plus proche du Port, desquels Barils roüannez, il sera tenu Registre par ledit Magistrat: Ordonne que lesdits Pêcheurs au retour de leurs Pêches seront pareillement tenus de representer leurs Barils pardevant ledit Magistrat, pour estre demarquez par ledit Commis des Fermes.

Du deuxiéme Mars 1700.

Arrest du Conseil, qui Ordonne que dans quinzaine pour tout délay, les Cautions de Forestier presenteront & affirmeront veritables le compte des Aydes & droits y joints de la Generalité de Lyon, depuis le premier Octobre 1697. jusques & compris le 31. Mars dernier, conformément à l'Arrest du Conseil du 16. Decembre 1698. sinon à faute de ce faire, qu'ils seront contraints au payement de ce qu'ils doivent restant du prix de leur Bail.

Du deuxiéme Mars 1700.

* Arrest du Conseil qui Ordonne, conformément à l'Ordonnance des Gabelles de 1680. les Salpetriers tant de la Ville & Fauxbourgs de Paris qu'autres Villes & lieux du

Royaume, seront tenus de souffrir les visites & exercices des Commis ou Gardes des Gabelles dans leurs Maisons & Atteliers, sans qu'ils soient accompagnez des Officiers des Greniers à Sel; & de leur remettre la quantité des Sels produits par les Salpêtres de leur fabriques, pour être par lesdits Gardes jettez & submergez, à peine de trois mil livres d'amende contre les refusans.

Du deuxiéme Mars 1700.

* Arrest du Conseil, portant sans avoir égard quant à present à la demande faite par les Rafineurs & Marchands Sucriers de Nantes, d'un Reglement d'égalité de Droits entr'eux & des autres Rafineurs du Royaume, & faisant droit sur le surplus de leur Requeste; ensemble sur les Memoires fournis par le Fermier des Cinq Grosses Fermes, & par le Fermier du Domaine d'Occident : Ordonne qu'il sera diminué quarante cinq sols, sçavoir vingt sols pour le Fermier des Cinq Grosses Fermes, & vingt-cinq pour le Fermier du Domaine d'Occident, sur les droits qui sont actuellement perceus par lesdits Fermiers pour chacun cent pesant de Sucre rafiné à Nantes, provenans des Mascoüades ou Sucres bruts des Isles Françoises de l'Amerique, entrant par le Bureau d'Ingrande seulement, suivant l'Arrest du 14 Decembre 1671.

Du seiziémes Mars 1700.

* Arrest du Conseil, portant que les Fermiers & Sous-Fermiers des Domaines, seront tenus de justifier dans un mois devant Monsieur Darmenonville Intendant des Finances, de la Remise qu'ils ont faite aux Receveurs des Amendes, ou aux Sous-Fermiers de Pointeau, de tous les fonds restez en leurs mains, provenant des Amendes consignées depuis 1669. ou d'en rendre compte dans ledit temps; & que les Fermiers des Domaines qui ont depuis continué de recevoir lesdites Amendes de Consignations dans les Sieges où les Offices de Receveurs des Amendes n'ont point esté levez, seront pareillement tenus d'en compter : Le tout à la requeste & diligence du Sieur Bonnel, Controlleur general des Domaines.

Du seizième Mars 1700.

Arrest du Conseil, qui Ordonne qu'avant faire droit sur la Requeste de Templier, elle sera communiquée à Georges & Barthelemy Solicoffre, Marchands à Marseille; & que le Procureur General de la Cour des Aydes de Provence envoyera incessamment au Conseil les motifs de l'Arrest de ladite Cour du 3. Fevrier dernier, pour iceux veus au Conseil avec la réponse desdits Solicoffre, qu'ils seront tenus de fournir dans le mois du jour de la signification, & estre fait droit ainsi qu'il appartiendra.

Du seizième Mars 1700.

* Arrest du Conseil, qui Ordonne que dans le mois du jour de la publication du present Arrest aux Audiences des Jurisdictions des Greniers & Dépots des Sels de l'étenduë de la Ferme generale des Gabelles. à la requisition des Procureurs de Sa Majesté: les Faux-Sonniers qui voudront profiter du benefice de la Declaration du 16 Aoust 1696. satisferont à ce qui est ordonné par icelle, faute dequoy & ledit temps passé ils n'y seront plus receu, &c.

Du seizième Mars 1700.

Arrest du Conseil qui évoque au Conseil & renvoye à la Cour des Aydes de Provence, tous les Procez Civils meus & à mouvoir entre Templier & les Creanciers des sieurs Jeremie, pour y estre reglez & Jugez en dernier ressort.

Du seizième Mars 1700.

Arrest du Conseil, concernant la double subvention de Berry, qui renvoye la Requeste à Monsieur Roujault Intendant, pour dresser son Procez Verbal & donner son avis au Conseil.

Du vingt-troisième Mars 1700.

Arrest du Conseil, qui Ordonne que Duval Sous-Fermier des Formules de Guyenne, sera tenu dans quinzaine de fournir à Templier les états certifiez du produit des droits d'augmentation sur le Papier & Parchemin Timbrez dans l'étenduë de ladite Sous-Ferme, depuis le 8. Juillet 1698: &

luy payer les deniers qui en ſon provenus à la déduction d'un ſol ſix deniers pour livre ; ſi mieux il n'aime conſentir à la reſolution de ſon Bail, ce qu'il ſera tenu d'opter dans huitaine.

Du vingt-troiſiéme Mars 1700.

Arreſt du Conſeil qui caſſe & annulle le Decret de priſe de corps décerné par le Bailly de l'Archevêché de Reims à l'encontre de Duſauſſay Viſiteur au Bureau des Traittes audit Reims : Fait deffenſes audit Bailly & à tous autres Juges non Royaux de décreter contre les Commis des Fermes, à peine de nullité, &c.

Du vingt ſeptiéme Mars 1700.

Arreſt du Conſeil, concernant quarente-huit Tonnes de Moluës & cinquante Blocs de plomb, paſſez en fraude au poſte des Ecluſes du Canal de Dunkerque : Ordonne que par le ſieur Barentin Intendant audit département, il ſera informé du contenu en la Requeſte de Templier.

Du trentiéme Mars 1700.

Arreſt du Conſeil, qui fait deffenſes au Fermiers des Salines & Domaines du Comté de Bourgogne, détablir aucuns entrepots & amas de Sel dans les trois lieuës des frontieres deſdites Provinces ſujetes aux Gabelles de France & Lyonnois, ſi ce n'eſt dans les Villes, Bourgs, & lieux fermez.

Du trentiéme Mars 1700.

Arreſt du Conſeil concernant un Faux-Saunage fait dans la Paroiſſe de Neuville ſur Ondeüil : Ordonne que les Informations faites, tant par les Officiers de la Juſtice Seigneuriale de Neville, que par les Officiers du Grenier à Sel de Grandvilliers, ſeront envoyées au Greffe du Conſeil, pour y eſtre les Parties reglées de Juges.

Du trentiéme Mars 1700.

Arreſt du Conſeil concernant une ſaiſie faite à Rochefort par les Commis des Fermes, de ſoixante quinze pieces de Frize d'Irlande, & deux pieces de Maltois déchargées en fraude,

fraude, & recelées dans la Maison d'Abraham Pelletreau Droguiste audit Rochefort : Ordonne que la Requeste luy sera communiquiée, & au nommé Legras : Et que le Procureur General de la Cour des Aydes de Paris envoyera au Conseil les motifs de l'Arrest de ladite Cour du seize Janvier dernier.

Du trentiéme Mars 1700.

Arrest du Conseil concernant une saisie faite au Bureau d'Ars en Ré, par le Receveur dudit Bureau, de vingt-sept Balots de Frizes & Draperies d'Irlande & d'Angleterre & plusieurs autres Marchandises, sur Pierre Gervack Maistre de Barque, & Rullot & Vitalis Marchands à la Rochelle : Ordonne que la Requeste de Templier leur sera communiquée, & que le Procureur General de la Cour des Aydes de Paris, envoyera au Conseil les motifs de l'Arrest de ladite Cour du vingt Novembre dernier.

Du trentiéme Mars 1700.

Arrest du Conseil qui ordonne que par Monsieur de Caumartin, Intendant des Finances, il sera incessamment procedé à l'arresté de deux états en forme de Compte de la Recette du Grenier à Sel de Paris, faite par le Sieur Garrot, l'un pour la premiere année du Bail de Templier, & l'autre de partie de la seconde, jusqu'au jour de son absence.

Du sixiéme Avril. 1700.

Arrest du Conseil qui commet Monsieur de Vaubourg Intendant en Franche-Comté, pour faire & Juger le Procez en dernier ressort aux Receveur & Controlleur au Bureau de Clerval, pour prévarications faites dans leurs emplois.

Du sixiéme Avril 1700.

* Arrest du Conseil portant que les Minimes des Convens de Nantes & Rennes, joüiront des Privileges de l'exemption des Droits de Convoy, Comptablie, Courtage de Bordeaux & autres Droits generalement quelconques, d'Entrée & de sorties des Cinq Grosses Fermes, pour les Vins & autres denrées qu'ils feront venir pour leur provision.

Du treizième Avril 1700.

Arrest du Conseil qui fait main-levée aux Marchands de Toul & Verdun des Toilles peintes & Mousselines, qui ont esté saisies dans leurs Boutiques par les Commis du Fermier, à la charge par lesdits Marchands d'envoyer lesdites Marchandises dans les pays Etrangers, & de raporter certificat de la sortie d'icelles.

Du vingtiéme Avril 1700.

* Arrest du Conseil qui ordonne que les Bas de Soye & de Laine, qui seront aportez des Pays Etrangers par mer, ne pourront à l'avenir, à commencer du premier Juin de la presente année, entrer dans le Royaume que par les Ports de Calais & de S. Vallery.

Du onziéme May 1700.

* Arrest du Conseil qui permet à Thomas Templier Fermier General des Gabelles, de continuer à se servir de l'ancienne Tremuye établie par Edit du mois de Juin 1660. pour les Mesurages des Sels, lors des livraisons qui seront faites audit Templier, par les Marchands & Maistres de Navires, pour les Dépots de la Ferme Generalle des Gabelles seulement, en la maniere qui sera convenuë de gré à gré entre eux, sans que ledit Templier puisse se servir de ladite ancienne Tremuye, pour les relevemens des Sels qui seront faits desdits Dépots, emplacemens & distributions desdits Sels dans les Greniers de ladite Ferme, dans lesquels le Sel ne pourra estre mesuré qu'avec la nouvelle Tremuye; & en la maniere prescrite par les Arrests du Conseil, &c.

Du onziémé May 1700.

* Arrest du Conseil qui fait deffenses à Templier & ses Commis de lever plus grands Droits que quatre livres par chacun cent pesant de Sucre blanc, du crû de la Colonie de Cayenne non rafinez, venans à droiture dans les Ports du Royaume.

Du dix-huitiéme May 1700.

* Arrest du Conseil qui continuë pendant deux années,

à commencer au premier Juin prochain, la moderation des Droits d'Entrée du Royaume ſur les Beſtiaux venant des Pays Etrangers.

Du dix-huitième May 1700.

Arreſt du Conſeil qui commet Monſieur de Baſville Intendant en Languedoc, pour informer des malverſations commiſes par les Employez des Bureaux de Cette & de Meze, & pour leur faire & parfaire leur Procez.

Du vingt-cinquième May 1700.

* Arreſt du Conſeil qui ordonne que les Sucres Rafinés dans la Rafinerie de Dieppe, pourront eſtre vendus & envoyez dans toutes les Villes du Royaume, en payant ſeulement au Bureau étably à Dieppe, ſix livres quinze ſols pour chacun cent peſant de Sucre Rafiné, pour les Droits d'Entrée des Cinq Groſſes Fermes; Sçavoir quatre livres dix ſols pour le Fermier du Domaine d'Occident, & quarente cinq ſols pour le Fermier des Cinq Groſſes Fermes,

Du huitième Juin 1700.

* Arreſt du Conſeil qui permet aux Marchands & Negocians de Bayonne, de faire venir directement des Pays Etrangers dans ladite Ville de Bayonne pendant deux années, à commencer du premier Juillet prochain, des Bayettes, des Anacoſtes, des Sempiternes de toutes couleurs, des Camelots & autres Marchandiſes y énoncées, en payant ſeulement pour Droits d'Entrée les Droits ordinaires de la Coûtume de Bayonne: Leur permet pareillement de tranſporter & faire Voiturer en Eſpagne par terre leſdites Marchandiſes, en payant auſſi pour Droits de ſortie au Bureau de Bayonne les Droits ordinaires de ladite Coûtume; & a fixé la ſortie deſdites Marchandiſes pour Eſpagne par les Bureaux d'Aynhoa, d'Aſcain, de Saint Jean de Char, d'Andaye, & du Pas de Baubye.

Du quinzième Juin 1700.

Arreſt du Conſeil qui ordonne que faute par François Duval Sous-Fermier des Formules de Guyenne, d'avoir fait l'option portée par l'Arreſt du vingt-trois Mars dernier;

a icelle referée à Thomas Templier, & en consequence que le Bail par luy fait audit Duval le trente Aoust 1697. desdits Formules, demeurera nul & resolu : Ordonne en outre qu'il comptera de Clerc à Maistre audit Templier du produit de ladite Sous-Ferme, depuis le premier Octobre 1697. jusqu'à son actuelle dépossession.

Du quinziéme Juin 1700.

Arrest du Conseil pour faire aporter au Greffe du Conseil les Charges & informations faites par les Officiers du Grenier à Sel de Coucy, & celle faites par les Juges de Chauny, au sujet de plusieurs Faux-Sauniers qui ont esté tuez & blessez en forçant les Gardes dans leur embuscade.

Du vingt-neuviéme Juin 1700.

* Arrest du Conseil qui maintient & garde les Habitans de la Ville & Principauté de Sedan dans la joüissance des libertez & franchises, Privileges & exemptions portées par la Declaration du mois de Juin 1644. &c.

Du vingt-neuviéme Juin 1700.

* Arrest du Conseil qui ordonne qu'à commencer du premier Aoust 1700. les Marchands, ou leurs Voituriers qui conduiront des Marchandises envoyées de Dunkerque en lieux où les Droits sont établis, seront obligez de faire leurs declarations à l'arrivée desdites Marchandises, &c.

Du sixiéme Juillet 1700.

Arrest du Conseil concernant une Saisie faite de plusieurs Marchandises sur le nommé Pierre Gervac Maistre de la Barque nommée la Marguerite, & Isaac Rullot, & Pierre Vitalis Marchands à la Rochelle, proprietaires de ladite Barque & des Marchandises de sa Cargaison : Par lequel Templier est débouté de sa Requeste, & renvoye les Parties en la Cour des Aydes de Paris, pour y proceder entr'elles, suivant les derniers erremens.

Du sixiéme Juillet 1700.

Arrest du Conseil qui déclare celuy du premier Septembre 1693. commun avec Templier, & en consequence, ordonne que les Voituriers par Eau & Bateliers trafiquans sur la Riviere de Seine, seront entendus par le Sieur Phelipeaux Intendant de Paris, en presence de Templier, au lieu de Pointeau & du Sous-Fermier des Droits qui se perçoivent sur les Bateaux qui passent sous le Pont de Meulan, dont ledit Sieur Phelipeaux dressera sont Procez Verbal, qu'il envoyera au Conseil avec son avis, pour estre fait droit

Du sixiéme Juillet 1700.

Arrest du Conseil concernant une Saisie de cinq cens quinze charges de Bled, faite à Valence par les Commis du Fermier, sur le sieur Claude Paris, la Montagne Maire perpetuel de la Ville de Moyrans en Dauphiné. Déboute ledit la Montagne de son Opposition : Et ordonne que que l'Arrest du seize Fevrier dernier, sera executé selon sa forme & teneur

Du treiziéme Juillet 1700.

* Arrest du Conseil qui ordonne que les Maistres Sergers des Manufactëurs de Sedan, seront tenus de payer au plus prochain Bureau la moitié des Droits des Laines du crû du Royaume, qu'ils tireront pour leurs Manufactures, conformément au Tarif de 1664. à peine de confiscation, & d'amende suivant l'Ordonnance.

Du treiziéme Juillet 1700.

Arrest du Conseil qui ordonne que la Declaration du quatre Mars 1663. sera executée selon sa forme & teneur : Et en consequence, que les Habitans du Duché de Bourgogne & Pays qui en dépendent, seront tenus de prendre au Greniers & Chambre à Sel de leur ressort, le Sel qui leur est nécessaire, à peine contre les contrevenans d'estre condamnez à la restitution des Droits de Gabelles, sur le pied de quatorze personnes au Minot, sans que sous ce pretexte ils puissent estre tenus de lever du Sel au-delà de leur consommation.

Du vingtiéme Juillet 1700.

Arrest du Conseil qui ordonne que Pierre Vernier Commis par Templier à l'exercice du Controlle du Grenier à Sel de Troyes, sera receu & prestera serment pardevant les Officiers dudit Grenier, & que pour l'exercice de ladite Commission : il aura une clef dudit Grenier, ainsi que de la Caisse du Receveur Titulaire, &c.

Du vingtiéme Juillet 1700.

Arrest du Conseil qui fait deffenses aux Officiers du Grenier à Sel de Bauvais & à tous autres, de faire aucune application des amendes : Condamne lesdits Officiers du Grenier de Beauvais de raporter à Templier l'amende de cinquante livres, qu'ils ont fait payer au nommé Basticle, pour l'appliquer à la Chapelle saint Louis, conformément à leur Sentence du quatorze Janvier 1699.

Du vingtiéme Juillet 1700.

Arrest du Conseil qui ordonne que le Sieur Tabary Juge des Fermes à Bapaume, & les autres Juges qui luy succederont, tiendront leur Jurisdiction dans la Chambre du Conseil du Bailliage de ladite Ville aux jours & heures que les Officiers ne seront point assemblez.

Du vingtiéme Juillet 1700.

Arrest du Conseil qui reduit les indemnitez prétenduës par Charles Renoult Sous-Fermier des Domaines des Provinces, de Flandres, Artois & Hainault, à la somme de quatre-vingt dix-sept mille vingt-deux livres par chacune des six années de son Bail, pour la non-joüissance des Domaines & Droits Domaniaux des lieux rendus par le Traité de Risvvik : à celle de trente huit mille sept cens soixante-deux livres par chacune des quatres dernieres, pour autres non-joüissances des autres lieux rendus en consequence du Traité de Lille ; & à cinquante mille livres, pour la diminution des Droits sur les Bieres, dans l'étenduë de sa Ferme, pendant l'année 1698, &c.

Du vingt-septiéme Juillet 1700.

Arrest du Conseil concernant la confiscation des Eaux-de-Vie, que le nommé Verdery Marchand de Beziers a fait sortir de Cette : Ordonne que le Procureur General de la Cour des Aydes de Montpellier envoyera au Conseil les motifs de l'Arrest de ladite Cour du quatre Mars dernier, & renvoye les Parties pardevant le sieur de Basville Intendant en Languedoc, qui dressera son Procez Verbal de leurs dires & contestations, qu'il envoyera au Conseil avec son Avis, pour sur le tout estre fait droit.

Du vingt-septiéme Juillet 1700.

* Arrest du Conseil qui ordonne que les Marchands qui voudront faire sortir des Sels & Charbons de Terre de Dunkerque, seront tenus de les faire mesurer en deça des Ecluses des Canaux, en presence des Commis pour ce établis.

Du vingt septiéme Juillet 1700.

Arrest du Conseil concernant les droits de Subvention que les nommez Laurencin, Boursault, Ropineau & autres Marchands de Nantes refusent de payer au Fermier, pour le Bois Merain qui passe par la Quinte d'Angere : Décharge Templier de l'Assignation à luy donnée en la Cour des Aydes, à la Requeste de Daniel Maulgué Sous-Fermier des Aydes de l'Election d'Angers ; évoque l'Instance pendante en la Cour, entre ledit Maulgué & lesdits Marchands de Nantes, & renvoye les Parties pardevant le sieur de Mirosmenil Intendant en la Generalité de Tours, pour desser son Procez Verbal, de leurs dires & contestations, qu'il envoyera au Conseil avec son Avis, pour y estre fait droit.

Du vingt-septiéme Juillet 1700.

Arrest du Conseil qui commet Monsieur de Caumartin Intendant des Finances, pour se transporter aux nouveaux Greniers de Paris, pour faire la visite, &c.

Du vingt-septiéme Juillet 1700.

Arrest du Conseil qui reduit, modere & liquide le prix des Tabacs, Bâtimens, meubles & ustancils de la Ferme du Tabac, restant du Bail de Pointeau, & par luy livrez à Duplantier son Successeur en ladite Ferme, à huit cens cinquante-un mille six cens soixante-quinze livres, deux sols quatre deniers, sur laquelle déduction faite de celle de trente mille livres pour le prix des Tabacs de Retrouve; restera seulement dû par Duplantier huit cens vingt-un mille six cens soixante-quinze livres deux sols quatre deniers qu'il payera à Thomas Templier, &c.

Du troisiéme Aoust 1700.

Arrest du Conseil pour faire publier la Sous-Ferme des Aydes de Reims & Châlons, Papier & Parchemin Timbré de Champagne, à la folle enchere de Charles Danisi & ses Cautions.

Du troisiéme Aoust 1700.

Arrest du Conseil portant sans s'arrester aux Significations & Sommations faite à la Requeste des Maire & Echevins de la Ville de Sedan, les 12 & 16 Juillet 1700. aux Sieurs de Lauveux, Gasse & Desavis : Ordonne qu'ils continuëront à joüir comme avant lesdites Significations & & Sommations ; Sçavoir ledit de Lauveux du Controlle des Exploits, ledit Gasse des Droits de Papier & Parchemin Timbrez, dans l'etenduë de ladite Ville & Principauté, & ledit Desavis du Droit de Marque sur les Fers Etrangers qui y entreront ; ensemble sur ceux qui y seront fabriquez : Ordonne en outre que les Fermiers du Tabac continuëront d'en débiter dans ladite Ville & Principauté, de mesme que dans le reste du Royaume.

Du troisiéme Aoust 1700.

Arrest du Conseil pour faire apporter au Greffe du Conseil les Charges & Informations faites, tant par les Officiers du Grenier à Sel de Saint Quentin, que par le Bailly des Ham, au sujet de plusieurs Faux-Sauniers, dont un a esté tué sur la Chaussée de Ham, par un Garde de la Brigade dudit lieu.

Du troisiéme Aoust 1700.

Arrest du Conseil qui renvoye à Monsieur de Basville Intendant en Languedoc, la procedure faite pardevant les Officiers de la Maistrise des Ports de Montpellier: Ensemble le Decret d'Ajournement personnel contre les nommez le Jaire, Privat, Duplessis & autres prétendus prévenus

venus du fait de subornation de témoins, contre le sieur le Neveu de Beauval, pour sur le tout estre pourvû, &c.

Du dixiéme Aoust 1700.

Arrest du Conseil, pour faire publier à la folle enchere de Jacques Laigne & ses Cautions, la Ferme des Domaines de la Generalité de Riom.

Du dixiéme Aoust 1700.

Arrest du Conseil, qui ordonne que Pointeau & Templier remettront au Garde du Tresor Royal, sçavoir ledit Pointeau la somme de neuf mille sept cens soixante & dix-sept livres quinze sols quatre deniers, & ledit Templier celle de quatre mille cinq cens livres estant en leurs mains, pour les appointemens du sieur de Rebé Lieutenant de Roy en Roussillon, dont il a esté fait fonds par double employ dans les Estats des Gabelles de Languedoc, des années 1693, 1694. & suivantes jusques & compris 1699.

Du dixiéme Aoust 1700.

Arrest du Conseil, qui ordonne que la Procedure commencée par le sieur de Basville, au sujet des malversations des Commis des Bureaux de Cette & de Meze, sera continuée, & que le procés sera par luy fait & parfait aux coupables, & jugé en dernier ressort & sans appel.

Du dixiéme Aoust 1700.

* Arrest du Conseil, qui ordonne qu'il ne sera perçû à l'avenir aucun droit de Poids-le-Roy sur les Marchandises, Hardes, Bagages, Balles & Ballots qui sortiront de la Ville & Fauxbourgs de Paris tant par eau que par terre, en aucune sorte & maniere que ce soit.

Du vingt-quatriéme Aoust 1700.

Arrest du Conseil, qui commet Monsieur d'Argenson pour interroger le sieur Correard, sur les faits des fraudes & malversations commises par les Marchands, Commis des Fermes & autres à Lyon.

Du trente-uniéme Aoust 1700.

Arrest du Conseil concernant les voyes de fait commises en la personne du Capitaine de la Brigade des Gabelles établies à Lezoux en Auvergne & la Tour Garde de la Brigade de Puyguillaume, Direction de Moulins, par plusieurs Païsans; Ordonne que les informations faites tant par le Juge du Dépost, que par le Lieutenant Criminel de la Sénéchaussée de Riom, seront envoyées au Greffe du Conseil, pour sur icelles estre fait droit sur le Reglement de Juges.

Du septiéme Septembre 1700.

Arrest du Conseil qui décharge Templier de l'Assignation à luy donnée en la Cour des Aydes à la requeste de Sauvage, Girault, Fauvel & Hermand Huissiers au Parlement de Paris, au sujet des exemptions qu'ils prétendent comme les Officiers du Parlement; Ordonne que sur leur demande les Parties procederont au Conseil.

Du septiéme Septembre 1700.

Arrest du Conseil concernant une saisie faite de Marchandises sur les sieurs Georges & Barthelemy Solicoffre Marchands de la Ville de Marseille; Ordonne que l'Arrest de la Cour des Aydes de Provence du troisiéme Fevrier dernier sera executé, & deboute Templier de sa demande.

Du quatorziéme Septembre 1700.

* Arrest du Conseil, qui ordonne que conformément à l'Arrest dudit Conseil du troisiéme Fevrier 1670. l'Or & l'Argent faux, battu, trait & filé venant de Genêve en France, sera tenu de passer par Lyon & d'y payer les droits de Tiers-surtaux & de Quarantiéme de la Doüanne au Fermier desdits droits, sans que ceux qui viendront de Nuremberg & autres lieux d'Allemagne en France, soient tenus du payement desdits droits s'ils passent par autres lieux que par Genêve & Lyon, &c.

Du vingt unième Septembre 1700.

* Arrest du Conseil, qui ordonne que jusqu'au dernier Avril de l'année prochaine 1701. il ne sera levé aux Entrées du Royaume sur les Beurres & Fromages venans des Païs Etrangers, que trente sols par cent pesant, à l'exception des Beurres d'Holande, sur lesquels il ne sera levé que douze sols par cent pesant.

Du vingt-unième Septembre 1700.

* Arrest du Conseil, qui ordonne que les droits d'Entrées des Cottons filez, venant tant du Levant que des Isles Françoises de l'Amerique & autres, seront levez à l'entrée des Cinq Grosses Fermes & aux Entrées de la Doüanne de Lyon comme avant l'Arrest du Conseil du 11. Decembre 1691.

Du vingt-huitieme Septembre 1700.

* Arrest du Conseil, qui accorde quatorze Muids six Septiers deux Minots de Sel de diminution sur l'impost des Greniers d'Issoudun, Buzançois, la Chastre & Argenton pour l'année prochaine 1701.

Du vingt-huitième Septembre 1700.

Arrest du Conseil concernant une condamnation d'amende prononcée par les Officiers du Grenier à Sel de Troyes, contre les Gardes des Fermes établis en ladite Ville, pour ne s'estre point trouvez à une Ceremonie; annulle la Sentence de condamnation de ladite amende, & tout ce qui s'en est ensuivi, & fait deffenses ausdits Officiers de rendre à l'avenir de pareilles Sentences; & ordonne que les choses saisies & executées sur lesdits Gardes seront restituées.

Du vingt-huitième Septembre 1700.

* Arrest du Conseil, qui ordonne que Gaspard Maurelet proprietaire de la Rafinerie de Marseille, pourra faire entrer dans le Royaume, à commencer du premier Octobre 1700. la quantité de cent milliers de Sucres rafinez dans ladite Rafinerie de Marseille, provenant des Mascoüades des Isles

Françoiſes de l'Amerique, y compris les cinquante milliers portez par l'Arreſt du quinze Septembre 1674. en payant ſeulement ſept livres pour chacun cent peſant de Sucre rafiné, ſçavoir trois livres à l'Adjudicataire des Cinq Groſſes Fermes, & quatre livres au Fermier du Domaine d'Occident.

Du deuxiéme Octobre 1700.

Arreſt du Conſeil qui commet les ſieurs Barangue & le Meignan, pour juger diffinitivement & en dernier reſſort les conteſtations meuës & à mouvoir entre Templier Fermier General des Fermes Unies, & Eſtienne Richer Sous-Fermier de la Ferme du Domaine, Barrage & Poids-le-Roy de la Ville de Paris, concernant le compte de Clerc à Maiſtre que ledit Richer a preſenté audit Templier.

Du ſixiéme Octobre 1700.

* Arreſt du Conſeil qui permet aux Intereſſez en la Compagnie de Saint-Domingue de faire venir des Païs Etrangers deux cens Pieces Picottes de Laine & Soye, cent vingt pieces Platilles d'Hambourg, vingt pieces Ratine d'Holande, & vingt-neuf Paquets de Dentelles d'Anvers, contenant ſix cens quatorze pieces qui font dix mille huit cens cinquante-huit aulnes, ſans payer aucuns droits d'Entrée & de Sortie, à condition qu'elles ſeront miſes en entrepoſt au Port-Loüis dans les Magaſins des Fermes unies, juſqu'à ce qu'elles ſoient chargées ſur les Vaiſſeaux de ladite Compagnie.

Du douziéme Octobre 1700.

* Arreſt du Conſeil concernant les Sucres bruts & non rafinez provenans de l'Iſle de Cayenne, qui ſeront déchargez à Nantes, & voiturez ſans ſéjour à droiture par le Bureau d'Ingrande ; & en cas de ſéjour audit Nantes, ils ſeront mis en Entrepoſt dans des Magaſins fournis par les Marchands, leſquels fermeront à deux clefs differentes, dont le Commis de Templier en aura une, & que les droits deſdits

Sucres seront payez conformément à l'Arrest du onze May dernier.

Du dix-neuviéme Octobre 1700.

Arrest du Conseil concernant le Sel des Habitans de Saint Vallery sur Somme, tant pour leur usage & consommation, que pour leur Pesche & Salaison des Poissons ; Ordonne que la Requeste de Templier sera communiquée ausdits Habitans de Saint-Vallery sur Somme, & renvoye les Parties pardevant le Sieur Bignon Intendant en la Generalité d'Amiens, qui dressera son Procés verbal de leurs dires & contestations, pour iceluy estre avec son avis envoyé au Conseil.

Du dix-neuviéme Octobre 1700.

Arrest du Conseil concernant une Saisie de huit Buses d'Eau-de-Vie, faite par les Commis des Fermes au sortir du Parc de Versailles sur Colombeau Marchand à Orleans & Louis le Fort soy-disant Vivandier au Camp de Marly ; Ordonne que la Requeste de Templier leur sera communiquée pour y répondre dans quinzaine ; Enjoint au Procureur General de la Cour des Aydes de Paris d'envoyer au Conseil les motifs de l'Arrest de ladite Cour du onze Aoust dernier.

Du deuxiéme Novembre 1700.

* Arrest du Conseil, portant Reglement entre les Commis des Fermes Unies & ceux des Directeurs de la Compagnie des Indes pour les Marchandises qui arriveront sur les Vaisseaux de ladite Compagnie au Port-Louis ou autre Port de la Province de Bretagne, & pareillement à Nantes lorsque lesdites Marchandises y seront transportées du Port-Louis par mer ou par terre, ausquels Commis des Fermes du Bureau de Nantes les Maistres des Barques seront obligez en y arrivant de leur representer copie de leurs Connoissemens, & les Voituriers par terre copie de leurs Lettres de Voitures, & y feront leurs declarations en la maniere ordinaire des Marchandises dont ils seront chargez, & que les Marchandises de ladite Compagnie des Indes venant à Nantes par mer,

acquitteront les droits de la Prevosté, suivant la Pencarte ou Tarif, & que lesdites Marchandises acquitteront aussi les droits de parisis, douze & six deniers en passant à Ingrande, comme droits locaux outre & pardessus ceux du Tarif de 1664. &c.

Du deuxiéme Novembre 1700.

Arrest du Conseil, qui deboute Templier de l'appel par luy interjetté d'une Sentence renduë par le Juge des Traites à Lille, le huit Novembre 1698. Ordonne qu'elle sera executée selon sa forme & teneur, en consequence fait main-levée à Jean-Baptiste d'Athis Marchand à Lille d'un paquet de Tapisserie d'Hautelisse fabrique d'Oudenarde de Laine & Soye, qui avoit esté arresté par le Receveur des Traites de ladite Ville de Lille, en payant les droits de vingt-cinq livres du cent pesant, conformément au Tarif de 1671.

Du deuxiéme Novembre 1700.

Arrest du Conseil, portant que les dix Charges de Sel que Sa Majesté a accordées à l'Hôpital General de Dole en Franche-Comté, par ses Lettres Patentes du mois de Juin 1700, seront délivrées aux Administrateurs d'iceluy sur leurs simples Quittances par le Sousfermier des Salines de Franche-Comté, auquel il en sera tenu compte par Templier; Ordonne que lesdites dix Charges de Sel seront employées à l'avenir dans l'Etat des Salines de ladite Province, à commencer en l'année prochaine.

Du neuviéme Novembre 1700.

* Arrest du Conseil qui ordonne l'execution de l'Article CCXXXIII. du Bail de Domergue, & en consequence fait défenses aux Habitans de l'Isle de Ré de retirer dans ladite Isle aucunes Marchandises deffenduës, ou dont l'entrée n'est permise que par certains Ports & passages du Royaume, sur les peines y contenuës, ni de faire dans ladite Isle aucuns Magasins & Entreposts des autres Marchandises & Denrées, que jusqu'à concurrence de ce qui sera necessaire pour leur

consommation, avec jonction aux Marchands & Habitans de ladite Isle, & aux Maistres des Vaisseaux, Barques & Bateaux de faire declaration dans la forme prescrite par l'Ordonnance de 1687. de toutes les Marchandises & Denrées qu'ils feront aborder dans ladite Isle, pour estre les droits de celles sujettes au Tarif de 1667. & ceux portez par les Arrests posterieurs, ensemble ceux du Tarif de Convention du vingt-neuf May 1699. payez; Et permet à Templier & à ses Commis de faire les visites & recherches necessaires, &c.

Du vingt-troisiéme Novembre 1700.

Arrest du Conseil qui ordonne que la somme de deux mille huit cens cinquante livres employée sous le nom de Maistre Antoine Meusnier Receveur & Payeur ancien & mytriennal des Charges assignées sur les Cinq Grosses Fermes, pour le payement des arrerages de diverses parties d'augmentations de Gages acquises par plusieurs Officiers de la Cour de Parlement de Provence, sera payée par Templier au Receveur Payeur des gages des Officiers de ladite Cour de Parlement d'Aix en exercice la presente année.

Du trentiéme Novembre 1700.

* Arrest du Conseil, qui ordonne que conformément à l'Article CCCCVII. du Bail de Domergue, les demy Barils étalonnez sur la Matrice, estant en l'Hostel de Ville de Roüen, & déposez dans les Greffes des Juges des Fermes des Villes de Dunkerque, Calais & Saint-Valery, serviront de regle dans lesdites Villes, pour le Mesurage du Charbon de Terre venant des Pays Etrangers par Mer, & que les Droits d'Entrée seront levez dans lesdits Bureaux de Dunkerque, Calais & Saint-Valery, pour lesdits Charbons de Terre Etrangers, même pour ceux venus à Dunkerque depuis le mois de Fevrier dernier, pour lesquels les Marchands ont fait leur soumission sur le pied de trente sols par Baril, à raison de deux desdits demy Barils pour un Baril, &c.

Du trentiéme Novembre 1700.

Arrest du Conseil qui ordonne que le prix des Effets & Marchandises venduës & adjugées au nommé Vicard & Consorts appartenans aux Sieurs Geremie, saisis par Templier, luy seront remis à la Caution de son Bail, &c.

Du quatorziéme Decembre 1700.

* Arrest du Conseil qui fait main-levée aux Sieurs Robelin Ingenieur de Sa Majesté, Directeur des Fortifications de Franche-Comté, & Courcier & Huguenet Marchands à Besançon, Entrepreneurs d'une Manufacture de Fer-Blanc à Chenessey en Franche-Comté, des trois mille quatre cens quatre-vingt-douze livres pesant d'Estain sur eux saisis à la Requeste de Templier; Ordonne que le tout sera rendu & restitué sans payer aucuns droits, & que l'amende payée par le Voiturier sera pareillement renduë; Ordonne en outre qu'à l'avenir les Entrepreneurs de ladite Manufacture de de Fer-Blanc, seront tenus de faire entrer l'Estain qu'ils feront venir des Païs Etrangers pour leurs Manufactures par les Bureaux & passages marquez dans l'Ordonnance de 1681. ou par le Bureau de Clerval en Franche-Comté, en payant les droits portez par ladite Ordonnance de 1681. &c.

Du quatorziéme Decembre 1700.

* Arrest du Conseil qui ordonne qu'à l'avenir les Officiers des Gabelles seront tenus en procedant aux emplacemens des Sels dans les Greniers, de mesurer jusqu'au nombre de dix-huit Muids de Sel par chaque jour, au lieu de douze prescrits par l'Arrest du vingt-huit Juin 1689. à peine d'estre privez des vingt sols par Muid à eux accordez par autre Arrest du dix Juin 1684.

Du quatorziéme Decembre 1700.

* Arrest du Conseil, qui ordonne que les pourvûs des Offices de Substituts-Ajoints dans les Greniers à Sel, créez par Edit du mois d'Avril 1696. qui demeureront éteints & supprimez, seront tenus de remettre és mains de Monsieur Chamillart

Chamillart leurs Quittances de Finance & autres Titres de proprieté desdits Offices, pour estre procedé à la liquidation desdites Finances, dont ils seront remboursez par Thomas Templier, auquel il en sera tenu compte par Sa Majesté sur le prix de la derniere année de son Bail : Fait deffenses ausdits Substituts-Ajoints de continuer les fonctions desdits Offices, & que leurs gages seront rejettez des Etats où ils sont employez, à commencer du premier Janvier 1701.

Du vingt-uniéme Decembre 1700.

* Arrest du Conseil, qui fait deffenses aux premiers Huissiers Audianciers créez dans les Greniers à Sel, par Edit du mois de Decembre 1693. d'exiger le droit de deux sols six deniers pour l'appel des Causes qui seront intentées au nom de Thomas Templier ou de ses Commis, sur les Assignations qu'ils feront donner en devoir de Gabelle, à peine de cinq cens livres d'amende, dépens, dommages & interests.

Du vingt-uniéme Decembre 1700.

* Arrest du Conseil, qui ordonne par provision que les Charbons de terre provenans des Mines qui sont dans la partie du Haynault, renduë au Roy d'Espagne, ne payeront à l'entrée de la partie du Haynault restée à Sa Majesté, & de la Flandre Françoise, que cinq sols par Baril au lieu de dix sols portez par l'Arrest du Conseil du 18. Octobre 1698.

Du vingt-uniéme Decembre 1700.

* Arrest du Conseil, qui ordonne que les Arrests du Conseil des dix Juin 1684. & huit Juin 1686. seront executez, & en consequence les seuls Greneticrs & Controlleurs des Greniers à Sel partageront les vingt sols par Muid accordez pour les Descentes, Mesurages & Emplacemens des Sels, sans que les Presidens, Procureur du Roy & Greffiers y puissent prétendre aucune part, & leur fait deffenses d'y troubler lesdits

Grenetiers & Controlleurs, à peine de trois cens livres d'amende.

Du vingt-huitiéme Decembre 1700.

Arrest du Conseil qui subroge le sieur Durand de Romilly aux offres faites par le sieur de Blair, inserées dans l'Arrest du Conseil du 18. Aoust 1699. en consequence ordonne qu'en payant par ledit Romilly la somme de cent mil livres és mains du sieur Bartet, il joüira de l'Office de Receveur au Grenier à Sel de Paris, & des gages & augmentations de gages & droits y attribuez à compter du premier Janvier 1701. sans pouvoir estre dépossedé qu'aprés quatre années & demie de joüissance, à l'effet de quoy les provisions dudit Office, ensemble les Quittances de finance d'augmentation de gages & de deux sols pour livre expediées au profit de Louis Garrot luy seront remises, à la délivrance d'icelles les dépositaires contraints; Ordonne en outre que sur les cent mil livres, ensemble sur le produit des bons de Masses & arrerages desdites augmentations de gages échûs depuis l'absence dudit Garrot jusqu'audit jour premier Janvier 1701. Templier & les Jurez Mesureurs de Sel seront payez, & ce par preference à tous Creanciers, sçavoir ledit Templier de cent deux mille neuf cens sept livres un sol neuf deniers à luy dûs par ledit Garrot, pour les debets des Comptes de son maniement, & lesdits Mesureurs de Sel de six mille cinq cens soixante-dix-huit livres quinze sols à eux aussi dûs par ledit Garrot, pour leurs droits manuels, & le surplus appartiendra aux Creanciers, &c.

Du vingt-huitiéme Decembre 1700.

* Arrest du Conseil contre plusieurs Marchands de Vin de Paris, qui les deboute de leur Requeste, tendante à restitution de droits pour des Vins qu'ils ont fait venir de Languedoc.

Du vingt-huitiéme Decembre 1700.

Arrest du Conseil qui décharge Templier d'une Assignation à luy donnée au Parlement de Grenoble, à la Requeste de François Rouveyre de Valence, au sujet d'une restitution de droits par luy payez pour la Doüanne de Valence & la Foraine de trois cens dix-neuf septiers de bled qu'il a fait charger pour Grenoble; Ordonne que les Parties procederont sur leurs contestations pardevant le sieur Dherbigny Intendant à Lyon qui en dressera son Procés verbal, pour iceluy estre envoyé au Conseil avec son avis.

Du vingt-huitiéme Decembre 1700.

Arrest du Conseil qui ordonne que la Requeste de Templier, tendante à ce que les Bleds saisis sur Claude Paris Lamontagne soient vendus en la maniere prescrite par l'Ordonnance du mois de Fevrier 1687. sera communiquée audit Lamontagne, pour sa réponse vûë, qu'il sera tenu de fournir dans quinzaine du jour de la signification qui luy en sera faite, estre ordonné ce que de raison.

Du vingt-huitiéme Decembre 1700.

* Arrest du Conseil qui ordonne que les Marchands tant de la Ville de Lyon & autres Villes du Royaume, que les Etrangers qui voudront faire sortir hors du Royaume les Marchandises par eux achetées dans les Foires de Lyon, ne pourront sortir à l'avenir que depuis le commencement de la Franchise de chacune Foire jusqu'au commencement de la Foire suivante seulement, à moins qu'il ne s'y trouve quelque juste & legitime empêchement, auquel cas en justifiant par les Marchands des empêchemens, il leur sera accordé un temps convenable pour en faire les envois en Franchise.

A PARIS,

Chez la Veuve SAUGRAIN, à l'entrée du Quay de Gesvres, du costé du Pont au Change, au Paradis.

[illegible] en France [illegible] de Guinée [illegible]
[illegible] de Valence [illegible]
en denrées [illegible] dans Picardie [illegible]
Royaume [illegible] trois cens [illegible] livres [illegible] chaque [illegible] Ordonne que les Extraits [illegible]
[illegible]
[illegible]
en estre envoyé au Conseil [illegible]

Du vingt-sixième Février 17[illegible].

Arrest du Conseil qui ordonne que les [illegible] tous [illegible] compagnie [illegible] les mesmes [illegible] à l'usage du noir de [illegible] pour la reponse [illegible] qu'il fera tenu de [illegible] dans quinzaine [illegible] estre [illegible] par [illegible].

Du vingt-sixième Février 1720.

Arrest du Conseil qui ordonne que les Marchands tant de la Ville de [illegible] que [illegible] ceux qui voudront [illegible] les marchandises [illegible] dits par eux achetées dans les Foires de Lyon, ne pourront sortir à l'avenir [illegible] la marchandise de la Foire de chacune Foire [illegible] du commencement de [illegible] payements [illegible] moins qu'il [illegible] ainsi empêchement [illegible] pour en faire les envois en Espagne.

A PARIS,

Chez la Veuve Saugrain [illegible] du Roy de [illegible] du costé du Pont au Change, au Paradis.

SUITE DE LA TABLE DES ARRESTS DU CONSEIL

CONCERNANT LES EERMES ROYALES Unies, compriſes au Bail de Maiſtre Thomas Templier, donnez pendant l'année entiere 1701. commencée le premier Janvier audit an.

Du quatriéme Janvier 1701.

ARREST qui renvoye à Monſieur Ferrand Intendant en Bourgogne l'affaire concernant l'Octroy de deux Crues ſur le Sel qui ſe debite au Grenier de Dijon, pour entendre les Parties, & dreſſer Procés verbal de leurs dires & conteſtations, &c.

Du dix-huitiéme Janvier 1701.

Arreſt qui renvoye à Monſieur Bignon Intendant en la Generalité d'Amiens l'affaire des Habitans de Saint-Vallery ſur Somme, Cayeux & autres Villes maritimes de la Coſte de Picardie, concernant le prix de tous les Sels, tant de leur proviſion & conſommation domiciliaire, que de leur peſche & ſalaiſon de Poiſſon, pour entendre les Parties, dreſſer Procés verbal de leurs dires & conteſtations, & iceluy envoyé au Conſeil avec ſon avis, pour eſtre fait droit ainſi qu'il appartiendra.

Du vingt-cinquiéme Janvier 1701.

* Arreſt qui confirme les Habitans de Mouzon dans leurs

privileges, à la charge que les Marchandises de France qui sortiront dudit Mouzon pour aller à l'Etranger, y payeront les droits de Sortie, & que celles venant de l'Etranger qui n'auront pas esté consommées à Mouzon, lesquelles entreront en France, y payeront les droits d'Entrée.

Du premier Fevrier 1701.

* Arrest qui ordonne que les Soyes venant d'Espagne, ne pourront entrer dans le Royaume que par Narbonne, pour estre conduite directement à Lyon.

Du premier Fevrier 1701.

Arrest qui ordonne que le Sr de S. Benoist commis par Templier à l'exercice du Controlle du Grenier à Sel de Bourges, en continuëra les fonctions; Fait deffenses au Sr Bonamy Grenetier audit Grenier à Sel de l'y troubler, & pour l'avoir fait, l'interdit pendant trois mois des fonctions de son Office.

Du premier Fevrïer 1701.

Arrest qui accorde indemnité de 6000. liv. par chacun an au S[r] la Croix Sous-Fermier des Domaines de Tours, pour l'alienation des trois quarts appartenans à Sa Majesté, des Droits de la Prevosté d'Angers; laquelle somme sera deduite par Templier audit la Croix sur le prix de son Bail, à commencer du premier Janvier 1698.

Du premier Fevrier 1701.

Arrest qui nomme le Sieur de Mons pour remplir la place de feu sieur de Lagny & le sieur de Lussé pour remplir celle du feu sieur de Cormery dans le Bail de Thomas Templier.

Du premier Fevrier 1701.

Arrest qui fait main-levée des oppositions faites ou à faire sur les remboursemens ordonnez, ou qui pourront l'estre cy-aprés; sur ceux qui sont ou seront pourveus des Offices de Receveurs des Fermes, jusqu'à la concurrence des debets qui seront dûs, & qui seront premierement payez à Templier comme Fermier en exercice, & aprés à Pierre Pointeau.

Du quinziéme Fevrier 1701.

Arrest qui ordonne que les Habitans de Beauvoir contesteront avec Templier pardevant Mr Dableiges Intendant en Poitou, pour connoistre la difference du Muid mesure de Paris, d'avec la Charge de Sel.

Du quinziéme Fevrier 1701.

Arrest qui nomme le sieur Poulletier pour remplir la place du sieur Germain dans le Bail de Thomas Templier.

Du vingt-deuxiéme Fevrir 1701.

* Arrest qui fait deffenses aux Officiers du Grenier à Sel de Romorantin, & à ceux de tous les autres Greniers de la Ferme Generale des Gabelles, de retenir les sacs, lors que les Sels en auront esté tirez & mesurez, & qu'ils seront demandez par des Commis, ou des Voituriers ayant charge de Templier ou de ses prépolez, à peine de repondre par lesdits Officiers refusans de toutes les pertes & retardemens des Voituriers, dépens, dommages & interests, tant dudit Templier que desdits Voituriers.

Du vingt-deuxiéme Fevrier 1701

Arrest qui annulle la Sentence des Officiers du Grenier à Sel de Doulens : Ordonne qu'à la diligence & aux frais de Templier, le nommé Bayard Habitant du village de Cholors, Pays d'Artois, prisonnier à Doulens sera transferé dans les Prisons de la Ville de Hesdin, pour luy estre son Procés fait & parfait par le Juge des Gabelles de ladite Ville ainsi qu'il appartiendra.

Du vingt-deuxiémé Fevrier 1701.

Arrest pour faire expedier une autre Quittance du sieur Bonnet Payeur des Gages du Parlement, que celle expediée pour l'année 1698. en datte du. 27 Janvier 1699. à la décharge de Templier, de la somme de 371122. liv. 3. s. à cause que dans la premiere il n'estoit pas fait mention de celle de 64800. liv. receuë du Sr Garrot Receveur au Grenier à Sel de Paris.

Du premier Mars 1701

* Arrest portant que les Poudres & Selpestres venant des Provinces du Royaume, payeront pour Droit d'Entrée dans l'étenduë des Cinq Grosses Fermes Vingt sols par Quintal poids de Marc, & vingt sols à la Sortie desdites Cinq grosses Fermes pour entrer dans les Provinces reputées Estrangeres : & qu'il ne sera payé aucuns Droits pour les Poudres qui seront envoyées des Arsenaux & Magasins du Roy dans les Moulins à Poudre pour y estre radoubées, rabatuës, & resseichées, & reportées ausdits Arsenaux & Magasins.

Du premier Mars 1701.

Arrest qui annulle la Sentence du Lieutenant General du Baillage d'Amiens du 28. Avril 1700. & en consequence fait deffenses à Pierre Vitasse Fermier Judiciaire des Greniers à Sel de Crandvilliers, & au Commissaire aux Saisies réelles de la Generalité d'Amiens de troubler Templier dans la joüissance desdits Greniers, en continuant par ledit Templier le payement des 500. livres par chacun an pour le loyer d'iceux, à peine de tous dépens dommages & interests.

Du premier Mars 1701.

Arrest qui ordonne l'execution de l'Arrest du premier May 1696 qui a declaré le Fauxbourg de la Guillotiere & Mandement de Bachevillion estre de la Province de Dauphiné; & en consequence décharge les Habitans desdits lieux du payement des cinq sols qui se levoient sur chaque asnée de Vin, qui entroit & se consommoit dans ledit Fauxbourg de la Guillotiere & Mendement de Bachevillion : Et fait deffenses au Fermier des Aydes & Octrois de la Ville de Lyon de le percevoir à l'avenir.

Du cinquiéme Mars 1701.

Arrest qui ordonne qu'au lieu de la Quittance expediée par le sieur Girault Payeur des augmentations de Gages de la Cour des Aydes de Paris de la somme de soixante-deux mil quatre cens vingt-sept livres deux sols à la décharge de Templier pour l'année 1698. en date du 17. Avril 1700. il en sera par luy expedié une autre de pareille somme, dans laquelle il sera fait mention que celle de treize mil six cens vingt-huit livres deux sols faisant partie d'icelle, a esté receuë du Sieur Garrot Receveur au Grenier à Sel de Paris.

Du cinquiéme Mars 1701.

Arrest pour faire expedier un autre Quittance du sieur Fauvre Receveur des Gages de la Cour des Aydes de Paris, que celle expediée pour l'année 1698. en date du premier Decembre 1699. à la décharge de Templier de la somme de cent trente-un mil quatre cens cinquante livres trois sols quatre deniers, à cause que dans la premiere il n'estoit pas fait mention de celle de vingt-neuf mil livres receuë du Sieur Garrot Receveur au Grenier à Sel de Paris.

Du cinquiéme Mars 1701.

Arrest pour faire expedier une autre Quittance du sieur de la Noys de Mericourt Receveur des Augmentations de Gages de la Chambre des Comptes de Paris, que celle expediée pour l'année 1698. en date du dernier Decembre audit an à la décharge de Templier de la somme de trois cens trente-cinq mil soixante-quinze livres onze sols neuf deniers à cause que dans la premiere il n'estoit pas fait mention de celle de quatre-vingt-douze mil cent soixante-huit livres dix-huit sols neuf deniers receuë du sieur Garrot Receveur au Grenier à Sel de Paris.

Du huitiéme Mars 1701.

* Arrest portant que les Poudres, Selpestres, Plombs, Souffres, Charbons, Cendres, Bois pour faire des Barils &

Chappes, Mortiers de fer, Pillons de fonte, & generalement tous les Ustanciles & Materiaux servant à l'usage des Poudres & Selpestres, passeront & repasseront tant par eau que par terre dans les Provinces du Royaume sans payer aucuns Droits de Peage, d'Octrois, Droits de Villes & de Seigneurs & autres droits locaux appartenans aux Villes & Communautez, & sans que le sieur Chaplet soit tenu ni ses Commis de faire aucune soumission, en representant seulement les Certificats & Passeports délivrez par les Commis dudit Département.

Du huitiéme Mars 1701.

Arrest qui ordonne que deux Balots de Draperie étrangere saisis à Grenoble le 22. May 1699. par les Commis & Employez du Bureau des Fermes de ladite Ville, seront incessamment portez dans le Dépost du Magasin public desdites Fermes de Grenoble, pour y estre vûs & visitez: Et pour faire droit sur la saisie qui en a esté faite par lesdits Commis. Ordonne que les Parties contesteront pardevant le Juge des Fermes de ladite Ville, & par appel au Parlement & Cour des Aydes de Grenoble; fait deffenses au sieur Rochette Caution du Sous-Fermier des Domaines de Dauphiné de se pourvoir ailleurs, & à tous autres Juges d'en connoistre.

Du Douziéme Mars 1701.

Arrest qui ordonne que Templier sera entendu avec le sieur Cloud Marchand à Calais pardevant Monsieur Bignon Intendant à Amiens, qui dressera Procés verbal de leurs dires & contestations, pour estre envoyé au Conseil avec son avis, au sujet d'un supplément de Droits sur des Eaux-de-Vie que ledit Cloud & autres ont fait entrer à Calais.

Du deuxiéme Avril 1701.

* Arrest portant Reglement & moderation des droits tant pour l'entrée que pour la sortie de l'Acier des Fers & Marchandises de Fer venant des Païs Etrangers ou y allans.

Du douziéme Avril 1701.

Arrest qui décharge Templier de l'assignation à luy donnée

au Parlement de Tournay par Michel Obry Marchand de ladite Ville; ordonne que sur l'appel par luy iterjetté des Sentences renduës par le Juge des Traites de Tournay des 20. Novembre 1700. & 22. Janvier 1701. (qui declarent la saisie de cent pieces de Cuirs forts faite sur ledit Obry bonne & valable,) les Parties procederont au Conseil, leur fait deffenses de proceder ailleurs & à tous Juges d'en connoistre.

Du douziéme Avril 1701.

Arrest qui ordonne qu'il sera expedié une autre Quittance de trois cens soixante-onze mil cinq cens quarante-cinq livres quinze sols huit deniers par le sieur Chardon de Nüeil Payeur des Gages du Parlement, au lieu de celle qu'il a expedié de pareille somme du 20. Janvier 1700. à la décharge de Templier pour l'année 1699. à cause que dans la premiere il n'estoit pas fait mention de celle de soixante neuf mil sept cens trente-cinq livres quinze sols huit deniers receuë du sieur de Blair Receveur au Grenier à Sel de Paris.

Du douziéme Avril 1701.

Arrest qui nomme le sieur Vezian à la place du sieur Bonhomme pour Juge des Fermes à Perpignan, & Lettres Patentes sur ledit Arrest du 5. Juillet ensuivant.

Du douzieme Avril 1701.

* Arrest qui ordonne que l'Arrest du 13. Juillet 1700. & les Reglemens y énoncez concernant le commerce, vente, debit & usage dans le Royaume des Etoffes de pure soye ou meslée de soye, or, argent ou laine, & des Toiles de Cotton blanches, teintes ou peintes, sera executé selon la forme & teneur.

Du douziéme Avril 1701.

Arrest qui décharge Templier de l'assignation à luy donnée en la Cour des Aydes le 17. Fevrier dernier à la requeste de François Goyel, Substitut-Adjoint au Grenier à Sel de Laval & la Gravelle, au sujet de ses vacations & autres pretendus droits, ordonne que les Parties procederont au Conſeil ſur leurs conteſtations, fait deffenſes audit Goyel de ſe pourvoir ailleurs, & à ladite Cour des Aydes d'en connoître.

Du douziéme Avril 1701.

Arreſt concernant les Proprietaires des Salins de Narbonne, Peyriac & Sijean, ordonne que la Requeſte de Templier ſera communiquée aux Maire & Conſuls de Narbonne, leſquels ſeront entendus avec les Proprietaires deſdits Salins & ledit Templier pardevant Monſieur de Baſville Intendant en Languedoc, qui dreſſera Procés verbal de leurs dires & conteſtations pour eſtre envoyé au Conſeil avec ſon avis, &c.

Du dix-neuviéme Avril 1701.

Arreſt qui ordonne que la Ferme du Controlle du Papier d'Auvergne ſera publiée à la folle-enchere de Nicolas Berrin & ſes Cautions.

Du dix-neuviéme Avril 1701.

* Arreſt portant Reglement pour le payement du droit de Fret.

Du dix-neuviéme Avril 1701.

* Arreſt qui ordonne que ceux qui ſont pourvûs des Offices de Subſtituts Adjoints dans les Juriſdictions des Traites, créez par Edit du mois d'Avril 1696. que Sa Majeſté a ſupprimez, remettront à Monſieur Chamillart leurs proviſions, Actes de receptions & Quittances pour eſtre procedé à la liquidation de leur finance, ordonne qu'ils en ſeront rembourſez par Templier, dont luy ſera tenu compte ſur le prix de la derniere année de ſon Bail, & que leurs Gages ſeront rejettez des eſtats où ils ſeront employez à commencer du premier Juillet prochain.

Du vingt-troiſiéme Avril 1701.

* Arreſt qui ordonne que l'Entrepoſt des Caſſonnades & Cacao, établi à Bayonne, ſera levé & oſté, & permet aux Marchands & Negocians de ladite Ville d'y recevoir leſdites

Caſſonnades

Caſſonnades de Breſil venant ,de Portugal, & de Cacao, & les tanſporter & faire ſortir pour l'Eſpagne, en payant les Droits ordinaires de la Coûtume de Bayonne, ſuivant l'Uſage.

Du vingt-huitiéme Avril 1701.

* Arreſt qui ordonne que les Marchandiſes pour leſquelles il aura eſté fait des Sommations aux Commis du Bureau de la Doüanne de Lyon, & qui auront eſté portées au Bureau de ladite Doüanne les 22 & 23. du preſent mois d'Avril 1701. & qui ſeront marquées de la marque ordinaire, & d'un autre marque particuliere pour les diſtinguer de celles qui ſeront ſorties dans le tems de la Foire, joüiront de la Franchiſe d'icelle, & des exemptions y attribuées, de même que ſi elles eſtoient ſorties de la Ville de Lyon dans le tems ordinaire de la Franchiſe, &c.

Du troiſiéme May 1701.

Arreſt qui ordonne que par les Officiers du Grenier à Sel de Château-Chinon, il ſera procedé à la levée des Scellez apposez ſur les effets de François Beliard Receveur audit Grenier à Sel, aprés toutefois que ceux aposez par les Officiers de la Juſtice ordinaire dudit Château-Chinon auront eſté par eux reconnus, qui ſeront tenus de comparoir à la premiere ſommation qui leur ſera faite, faute dequoy leſdits Scellez ſeront briſez par les Officiers dudit Grenier à Sel, & par eux procedé à la deſcription & inventaire des papiers & effets dudit Beliard, les opposans deuëment appellez.

Du ſeptiéme May 1701.

Arreſt qui ordonne que par M^r de Baſville Intendant en Languedoc, il ſera procedé à la Publication & Adjudication au rabais des ouvrages & groſſes reparations qui ſont a faire au Corps de Garde des Salins de Sijean, ſuivant le Devis qui en ſera dreſſé.

Du septième May 1701

Arrest qui annulle les Sentences renduës par le Juge des Gabelles à Briançon des 23. & 25. Mars dernier ; ordonne que l'Arrest du Conseil du 19. Novembre 1697. sera executé ; & en consequence que le Sr de Rochemolles Receveur Titulaire du Grenier à Sel & du Bureau des Fermes à Briançon en Dauphiné, sera tenu de remettre entre les mains du Sieur Controlleur General des Finances ses Provisions & Quittances de Finance, pour estre procedé à la liquidation & ensuite à son remboursement ; ordonne que le Sieur Courtois de Chomé Commis par Templier au lieu & place dudit de Rochemolles sera incessament installé, & les Registres & Clefs de Bureau à luy remis, &c.

Du septième May 1701.

Arrest qui ordonne que sans préjudice au Droits des Parties au principal, les deniers provenans de la vente de deux Ballots de Draperies Estrangeres, saisies à Grenoble par les Commis de Templier le 22. May 1699. & qui ont esté déposez és mains du Sr Jay Receveur des Tailles de ladite Ville, seront par luy remis és mains du Receveur du Bureau de la Doüanne de Grenoble, à la caution du Bail dudit Templier.

Du septième May 1701.

Arrest qui annulle la Sentence des Officiers du Grenier à Sel de Dieppe du 30. Octobre 1700. Ordonne que Françoise Fournier veuve Parent, Grenetier audit Grenier à Sel, & les Officiers qui ont rendu ladite Sentence, seront solidairement contraints au payement de la valeur de deux quarts de Sel délivrez à ladite Fournier, suivant le prix du Grenier.

Du quatorzième May 1701.

Arrest qui ordonne qu'il sera fait délivrance à l'Hôpital General & à celuy des Enfans Trouvez de la quantité de Trois Muids de Sel d'augmentation pendant l'année commencée le premier Octobre 1700. & qui finira le dernier Septembre 1701. outre & pardessus les huit Muids employez dans l'estat des Francs-sallez, sans aucuns frais ny Droits, desquels il sera tenu compte à Templier sur le prix de son Bail.

Du vingt-quatriéme May 1701.

Arrest qui ordonne qu'il sera tenu compte à Templier sur le prix de son Bail de la somme de 6719 liv. faisant moitié de celle de 13438 liv. payée par ledit Templier, tant au Dénonciateur qu'à ses Commis, pour raison de la saisie par eux faite au Bureau de Colonges le trente Avril 1700. de 3920. écus.

Du vingt quatriéme May 1701.

Arrest concernant les Droits de Foraine en Bearn ; ordonne qu'aux fins de la Requeste du Syndic des Estats de ladite Province, le Fermier du Domaine de Bearn sera assigné au Conseil sans retardation de l'instruction & Jugement de l'Instance, entre le Fermier des Cinq grosses Fermes, & le Syndic desdits Estats.

Du trent-uniéme May 1701

Arrest qui ordonne que la poursuite, vente & adjudication par Decret des immeubles appartenans á Barthelemy Jeremie, & Claude Jeremie son frere & sa caution situez dans la Ville & Fauxbourgs de Paris, sera continuée, & les deux Maisons en question venduës & adjugée par Decret en la Cour des Aydes de Paris, en la maniere accoûtumée.

Du trent-uniéme May 1701.

Arrest pour instruire & faire le Procés par Monsieur l'Intendant d'Alençon, au nommé Semillard & à ses complices, pour avoir prévariqué dans le Traité des Voitures des Sels qui se relevent des Déposts de Caën, pour le fournissement des Greniers qui y sont attachez

Du dernier May 1701.

* Declaration du Roy qui permet de s'associer au nombre de quatre personnes pour lever un quart de Minot de Sel, sans estre obligez d'estre tous presents à la délivrance du Sel, & le partager à la porte du Grenier.

Du septiéme Juin 1701.

* Arrest qui regle les Drotis de Sortie des Toilles de Lin frabriquées à Marigny, & autres lieux des environs de la Ville de Coutances à 3. liv. 10. ſ. par Quintal.

Du quatorziéme Juin 1701.

* Arrest qui maintient les Habitans de la Province d'Artois dans l'exemption de l'establissement de tous Bureaux des Cinq grosses Fermes dans l'estenduë de ladite Province; annulle les Sentences renduës par le Juge de Bapaume des 4. & 5. Juin 1700. & en consequence ordonne que les choses saisies sur le nommé Hallié luy seront renduës.

Du quatorziéme Juin 1701.

Arrest en faveur des Bourgeois de la Ville de Tours; qui déboute Charles Souverain Sous-Fermier des Aydes de l'Election de ladite Ville de sa demande, ensemble Templier Fermier general des Fermes-Unies de sa demande en opposition à l'Arrest de la Cour des Aydes du 7 Juillet 1700. & en consequence ordonne qu'il sera executé selon sa forme & teneur.

Du quatorziéme Juin 1701.

Arrest qui décharge Templier de l'Assignation à luy donnée en la Cour des Aydes de Paris, à la Requeste de Pierre Perrine Sous-Fermier des Droits de Marque des Ouvrages d'or & d'argent, au sujet d'une diminution par luy demandée sur le prix de son Bail; luy fait deffenses de faire aucunes poursuites pour raison de ce contre ledit Templier en ladite Cour des Aydes.

Du quatorzième Juin 1701.

* Arrest qui ordonne que les Verres & Bouteilles provenans des Verreries de Perigord, qui seront transportées dans la Sénéchaussée de Bordeaux, seront exempts des Droits de la Comptablie : Et en consequence que la Balle de Bouteilles de Verre saisie sur le nommé Aubry au mois de Janvier 1691. luy sera renduë & restituée.

Du vingt-unième Juin 1701.

Arrest portant que la Sous-Ferme des Droits du Timbre sur le Papier & Parchemin dans l'estenduë des Generalitez de Bordeaux, & Ressort des Cours de Parlement de Pau, Toulouze, &c. sera publiée à la folle-enchere de Jean Dupuy & ses Cautions.

Du vingt-unième Juin 1701.

* Arrest qui ordonne que les Harangs Blancs & Sorets qui sortiront de l'estenduë des Cinq grosses Fermes, pour estre portez dans les Provinces reputées Estrangeres, acquitteront les Droits de Sortie desdites Cinq grosses Fermes, & les autres Droits locaux où il sont dûs, suivant les Tarifs & Reglemens.

Du vingt-huitième Juin 1701.

Arrest qui ordonne que par Mr Turgot Intendant en la Generalité de Tours, les Informations, charges, Decrets, & autres procedures faites à la Requeste de Templier, contre aucuns Faux-Sonniers des Provinces de Touraine, Anjou & Poitou, seront continuées, & le Procés par luy fait aux coupables en dernier ressort, soit que les crimes ayent esté commis dans l'estenduë de sa Generalité ou ailleurs.

Du vingt-huitième Juin 1701.

Arrest qui ordonne que la somme de 1200. livres à laquelle a esté reglé l'indemnité dûë à François Evrard, Sous-Fermier des Domaines de Dauphiné par Arrest du

24. Novembre 1699. pour l'alienation du quart des Affirmations de Voyages du Parlement de Grenoble, luy sera payée par Templier, auquel il en sera tenu compte sur le prix de sa Ferme general des Domaines.

Du vingt-huitieme Juin 1701.

Arrest qui ordonne que sur le payement que Templier doit faire au Tresor Royal du prix de son Bail il luy sera tenu compte de la somme de 101820 liv. 16. s. 10. d. pour l'indemnité à luy deuë, à cause de l'inexecution du Bail de Jacques Finet, Sous-Fermier des Droits du Timbre sur le Papier & Parchemin dans l'estenduë du Parlement de Mets & Presidial de Sedan; Sçavoir 20154. liv. 3. s. 6. d. depuis le premier Octobre 1697. jusqu'au premier Fevrier 1699. 46666 liv. 13. s. 4. den. depuis ledit jour premier Fevrier 1699. jusqu'au premier Octobre 1700. à raison de 17500 liv. par an, & 35000 liv. pour les deux années restantes à expirer de son Bail, aussi à raison de 17500 liv. chacune. Et Lettres Patentes expediées sur ledit Arrest.

Du vingt-huitiéme Juin 1701.

Arrest qui ordonne que sans tirer à consequence, le prix de soixante-sept pieces de Mousseline, cinquante-sept pieces de Mouchoirs de soye, & plusieurs Etoffes des Indes, adjugées aux Srs Blandin & Behotte, appartiendra à Templier; à condition que lesdites Marchandises seront delivrées aux Directeurs de la Compagnie des Indes, en payant audit Templier le prix desdites Adjudications faites ausdits Blandin & Behotte.

Du vingt-huitiéme Juin 1701.

Arrest qui ordonne que Templier Fermier general des Gabelles, payera au Receveur-Payeur des Gages des Officiers du Parlement de Dijon, en exercice la presente année 1701. la somme de sept cens quatre-vingt livres en deux payemens égaux; le premier comptant, & le second au premier Decembre prochain, dont il luy sera tenu compte sur le prix de son Bail de ladite Ferme des Gabelles.

Du vingt-huitiéme Juin 1701.

Arrest qui ordonne que Templier Fermier general des Cinq grosses Fermes & autres Unies, payera au Receveur-Payeur des Gages des Officiers du Parlement de Guyenne, en exercice la presente année 1701. la somme de 363 liv. en deux payemens égaux ; le premier comptant, & le second au premier Decembre prochain, dont il luy sera tenu compte sur le prix de son Bail desdites Fermes,

Du vingt-huitiéme Juin 1701.

Arrest qui ordonne que la somme de 57605. liv. 13. sols 8. den. à laquelle montent les arrerages des Augmentations de Gages des Officiers tant du Parlement, Cour des Comptes, Aydes & Finances d'Aix, que du Bureau des Finances de ladite Ville, sera payée par Templier Fermier general des Gabelles de Provence, aux Receveurs-Payeurs des Gages desdites Compagnies, en exercice la presente année 1701. Sçavoir au Payeur des Gages du Parlement 31536 liv. un sol huit den. à celuy de ladite, Cour des Comptes, Aydes & Finances 21459 liv. 12 s. & à celuy du Bureau des Finances 4610 liv. dont il sera tenu compte audit Templier sur le prix de son Bail de ladit Ferme des Gabelles de Provence.

Du vingt-huitiéme Juin 1701.

Arrest qui ordonne que la somme de 59162 livres 4. sols 5 den. à laquelle montent les rarerages des Augmentations de Gages acquises tant par les Officiers de la Cour de Parlement de Toulouse, que par ceux de la Cour des Comptes, Aydes & Finance de Montpellier, & au Bureau des Finances de ladite Ville, sera payée par Me Thomas Templier Fermier general des Gabelles de Languedoc & Roussillion, aux Receveurs-Payeurs des Gages desdites Cours & Compagnies en exercice la presente année 1701. Sçavoir au Payeur des Gages du Parlement de Toulouze 27400. liv. 7 s. à celuy de la Cour des Comptes, Aydes & Finances de Montpellier 28575 liv. 10. s. à celuy du Bureau des Finances de ladite Ville 3186 liv 7. s. 5. d. dont il sera tenu compte audit Templier sur le pril de son Bail de ladite Ferme des Gabelles de Languedoc & Roussillion.

Du vingt-huitiéme Juin 1701.

Arrest qui ordonne que la somme de 16328 livres à laquelle monte les arrerages des Augmentations de Gages, acquises tant par les Officiers du Parlement, Comptes, Aydes & Finances de Pau, que par plusieurs autres Officiers & Particuliers sur la Recette generale des Finances de Navarre, sera payée par Me Thomas Templier Fermier general des Domaines & autres Fermes-Unies ; Sçavoir 16058. liv. au Receveur-Payeur des Gages des Officiers de ladite Cour, en exercice la presente année 1701. & 270. liv. au Receveur general des Finances, aussi en exercice, en deux payemens égaux ; le premier comptant, & le second au premier Decembre prochain, dont il sera tenu compte audit Templier sur le prix de son Bail de ladite Ferme des Domaines de ladite presente année.

Du vingt-huitiéme Juin 1701.

Arrest qui ordonne que la somme de 9386 livres 4 s. à laquelle monte le payement des Arrerages des Augmentations de Gages acquises par les Officiers tant de la Cour de Parlement de Tournay, que du Conseil Provincial d'Artois sera Payée par Templier Fermier general des Domaines & autres Fermes-Unies ; sçavoir 4786. liv. 4. s. au Receveur Payeur des Gages des Officiers dudit Parlement, en exercice la presente année 1701. & 4600. liv. au Receveur general des Domaines de Flandre, Haynault & Artois, dont il sera tenu compte audit Templier sur le prix de son Bail de ladite Ferme generale des Domaines de ladite presente année.

Du vingt-huitiéme Juin 1761.

Arrest qui ordonne que la somme de 15752 liv. à laquelle monte le payement des arrerages des Augmentations de Gages, acquises par les Officiers de la Cour de Parlement & Chambre des Comptes de Grenoble, sera payée par Templier Fermier General des Gabelles de Dauphiné

phiné & autres Fermes-Unies ; sçavoir 1657 liv. au Receveur-Payeur des Gages des Officiers du Parlement, en exercice la presente année 1701. en deux payemens égaux ; le premier comptant, & le second au premier Decembre prochain, & 14095. à celuy de ladite Chambre des Comptes, aussi en exercice, dans le courant de ladite année, de semaine en semaine, dont il sera tenu compte audit Templier sur le prix de son Bail de ladite Ferme des Gabelles de Dauphiné de ladite presente année.

Du cinquiéme Juillet 1701.

Arrest qui ordonne que les Informations faites tant par le Juge du Dépost des Sels, que par le Prevost des Maréchaux & les Juges ordinaires du Blanc en Berry, au sujet d'un differend arrivé entre le Controlleur audit Depost des Sels du Bblanc, & le nommé Maurin, seront envoyez au Grefte du Conseil, pour estre les Parties reglées de Juges.

Du douziéme Juillet 1701.

Arrest qui ordonne que la soûmission fournie par le nommé Bernard Rulleau Marchand de la Ville de Bordeaux, en consequence de l'Arrest de la Cour des Aydes de Guyenne du 14 Juillet 1700. luy sera renduë, sans payer pour raison des quatre pieces de Draps, & six peaux de Veaux qu'il a fait venir d'Angleterre par le Bureau de Calais, aucuns Droits de Comtablie, ni aucuns autres Droits d'Entrée à Bordeaux

Du douziéme Juillet 1701.

* Arrest qui décharge de tous Droits de Sortie, les Fers, soit en gueuse ou en barre provenant des Forges de Soran, Loulans, Fraisans, Pont de Navoy & autres dans le Comté de Bourgogne, qui seront transportez de ladite Province en Suisse & autres Païs Etrangers.

Du dix-neuviéme Juillet 1701.

Arrest pour faire publier à la folle-enchere de Charles

Dánizy & ſes Cautions, la Ferme des Aydes des Elections de Rheims & Châlons, Papier & Parchemin Timbré de la Generalité de Champagne.

Du vingt-ſixiéme Juillet 1701.

Arreſt qui ordonne que les informations faites par le ſieur Chambard Avocat, & par le ſieur Porcet Procureur du Roy en la Juriſdiction des Gabelles au Département de Breſſe, au ſujet du Fauxſaunage prétendu commis en la Ville de Bourg & Païs de Breſſe, ſeront continuées par le ſieur Deſbots Lieutenant General au Bailliage de Châlons ſur Saone, & le procés par luy fait aux coupables juſqu'à Sentence diffinitive incluſivement, & commet le ſieur Golion Avocat audit Bailliage de Châlons pour faire en ladite procedure la fonction de Procureur de Sa Majeſté.

Du vingt-ſixiéme Juillet 1701..

Arreſt qui ordonne que la Requeſte de Templier ſera communiquée au nommé Jean Formentin Maiſtre de Navire, & aux proprietaires d'iceluy, au ſujet d'une ſaiſie de Marchandiſes prohibées, faite par les Commis de la Romaine de Roüen, pour leurs réponſes vûës eſtre ordonné par le Conſeil ce qu'il appartiendra.

Du vingt-ſixiéme Juillet 1701.

Arreſt portant que conformément à l'avis du ſieur de Baſville Intendant en Languedoc, & ſans s'arreſter à l'oppoſition formée par les Maire & Conſuls de Narbonne, ordonne qu'il ſera conſtruit un Magaſin de Sels en ladite Ville de Narbonne dans le lieu appellé le Plain des Barques de ladite Ville, à la charge de payer l'emplacement à qui il appartiendra.

Du deuxiéme Aouſt 1701.

Arreſt qui ordonne que dans un mois du jour de la ſignification d'iceluy, à la requeſte de Thomas Templier Fermier General des Cinq Groſſes Fermes, les Maiſtres & Officiers des Ports de Toulon, Arles, Beaucaire, Narbonne & Villeneuve lés-Avignon, seront tenus de remettre les titres en vertu desquels ils perçoivent les droits qu'ils exigent des Marchands & Voituriers, entre les mains des sieurs de Basville & le Bret Intendans en Languedoc & Provence, chacun en ce qui les concerne, pour iceux communiquez audit Templier, estre dressé Procés verbaux des dires & contestations des Parties.

Du deuxiéme Aoust 1701.

Arrest qui deboute les Soûfermiers du Timbre des Generalitez de Bordeaux, Montpellier, Montauban, &c. de l'opposition par eux formée à l'execution de l'Arrest du 21. Juin dernier, qui ordonne que leur Sousferme sera publiée à leur folle-enchere.

Du deuxiéme Aoust 1701.

Arrest qui maintient Madame l'Abbesse de Fontevrault dans tous les privileges & exemptions cy-devant accordez audit Ordre.

Du deuxiéme Aoust 1701.

Arrest qui ordonne que Templier Fermier General des Fermes-Unies, payera au nommé Olive Charpentier la somme de 10799 liv. pour la construction par luy faite d'un nouveau Bureau dans la Basse-Ville de Dunkerque, & que ladite somme sera remboursée audit Templier par l'Adjudicataire des Gabelles qui luy succedera.

Du deuxiéme Aoust 1701.

Arrest qui deboute les sieurs Chambelain, Saupin & Consorts des fins de leur Requeste concernant l'exemption par eux prétenduë des droits des Marchandises & Vituailles qu'ils ont fait charger sur trois Vaisseaux qu'ils font armer, pour aller faire la Traite des Negres en Guinée.

Du deuxiéme Aoust 1701.

Arrest qui deboute le sieur Camial Receveur en titre au Bureau des Traites à Guise des fins & conclusions de sa

Requeste concernant les droits d'Acquits par luy prétendus.

Du sixième Aoust 1701.

Arrest qui diminue l'Impost du Sel des Greniers de la Generalité de Bourges pour l'année 1702.

Du neuvième Aoust 1701.]

Arrest qui ordonne que pardevant le sieur Bignon Intendant des Finances il sera procedé à la publication de la Ferme des Aydes des Elections de Niort, Toüars, Mauleon, &c. à la folle-enchere de Jacques Sénéchal & Montois sa Caution.

Du vingt-troisiéme Aoust 1701.

Arrest qui deboute les Sousfermiers des Aydes de Rheims & Châlons, Papier & Parchemin de la Generalité de Champagne, de l'opposition par eux formée à l'execution de l'Arrest du 19. Juillet dernier, & en consequence ordonne que ladite Sousferme sera publiée à leur folle-enchere.

Du vingt-septième Aoust 1701.

Arrest qui ordonne que la Requeste de Templier Fermier General des Cinq Grosses Fermes, sera communiquée aux nommez Henriot Marchand à Angers & Goujon aussi Marchand à Nantes, au sujet des droits des Sucres par eux achetez à Nantes de la Compagnie de Guinée, pour leurs réponses vûës au Conseil estre ordonné ce que de raison, toutes choses cependant demeurant en état.

Du vingt-septiéme Aoust 1701.

* Arrest qui ordonne que les sommes payées au Bureau de Saumur, par les Negocians de Nantes, Joseph des Vallonnieres & Consorts, pour les Marchandises qu'ils ont fait conduire à Nantes, pour estre transportées aux Isles Françoises de l'Amerique, leur seront restituées par Templier, sans tirer à consequence à l'égard des Villes de Bordeaux, la Rochelle, Saint Malo & autres.

Du sixiéme Septembre 1701.

* Arrest portant Reglement sur l'entrée des Marchandises du Crû & Fabrique d'Angleterre, Ecosse, Irlande & Païs en dépendans, à commencer du jour de la publication du present Arrest.

Du sixiéme Septembre 1701.

* Arrest qui décharge Duplantier de tous les droits appartenans à Templier, soit qu'il les fasse regir, ou qu'ils soient Sousfermez, en luy payant par chacun an la somme de cent mil livres.

Du sixiéme Septembre 1701.

* Arrest qui ordonne que tous les Offices de Substituts-Adjoints dans les Greniers à Sel, tant ceux créez par Edit du mois d'Avril 1696. que ceux d'ancienne création confirmez par ledit Edit, demeureront éteints & supprimez, & que les pourvûs & proprietaires desdits Offices remettront leurs Quittances de Finances & Provisions entre les mains de Monsieur de Chamillart, pour estre procedé à la liquidation & pourvû à leur remboursement.

Du sixiéme Septembre 1701.

* Arrest qui ordonne que les Voituriers de Sel ne seront tenus de representer leurs rescriptions qu'aux Officiers des Contre-mesurages ou des Greniers où se devoient faire les Déchargemens des Sels, avec deffenses à tous autres Officiers d'obliger lesdits Voituriers à la representation desdites rescriptions, ni d'exiger pour raison de ce aucune chose, à peine de concussion.

Du sixiéme Septembre 1701.

* Arrest qui ordonne que les Habitans de S. Jean de Lutz & Sibourre joüiront de l'exemption des droits de la Coûtume de Bayonne pour les Marchandises à eux appartenantes, & qu'ils feront entrer & sortir de S. Jean de Lutz & Sibourre pour leur propre compte, & qu'ils payeront tous les droits

de Convoy, Comptablie & Courtage, & de ceux des Cinq Grosses Fermes pour les Marchandises qu'ils tireront ou envoyeront dans l'étenduë desdites Fermes.

Du treiziéme Septembre 1701.

* Arrest qui ordonne que pendant trois années à commencer du premier Octobre prochain, les Vins, Eaux de Vie & toutes autres sortes de Denrées & Marchandises du Crû, Fabrique ou Commerce de la Province de Languedoc, pourront estre conduites au Port de Cette sans payer aucuns droits de Sortie aux Bureaux qui sont sur les Etangs.

Du vingtiéme Septembre 1701.

* Arrest qui ordonne qu'à commencer du jour de la publication d'iceluy, les droits de Sortie pour les Peignes de toutes qualitez, seront acquittez sur le pied de quarante sols par cent pesant.

Du vingtiéme Septembre 1701.

Arrest qui ordonne que la Sous-ferme des Aydes de Niort, Toüars, Mauleon, S. Maixant & les Sables d'Olonne, sera adjugée purement & simplement par Monsieur Bignon, à celuy des Avocats tierceurs & doubleurs qui s'en trouvera Adjudicataire.

Du vingtiéme Septembre 1701.

* Declaration du Roy contre les Marchands Negocians, Commissionnaires & autres qui feront entrer & sortir du Royaume des Marchandises en fraude.

Du vingtiéme Septembre 1701.

* Arrest qui ordonne qu'au deffaut des Grenetiers & Controlleurs dans les Greniers à Sel dépendans de la Ferme Generale des Gabelles, les Clefs desdits Greniers seront remises entre les mains du President, ou à son deffaut en celles du Procureur de Sa Majesté esdits Greniers, ensemble les Registres de la distribution des Sels qui doivent estre tenus par lesdits Grenetiers & Controlleurs, conformément à l'Ordonnance des Gabelles.

Du vingt-septiéme Septembre 1701.

Arrest qui ordonne que par le sieur Barentin Intendant au Département de Dunkerque, il sera informé du contenu au Procés verbal des Gardes de Templier, du dix-sept du present mois, & de l'action arrivée la nuit du même jour à l'occasion de la saisie des Marchandises contenuës dans ledit Procés verbal, &c.

Du premier Octobre 1701.

Arrest qui ordonne qu'avant faire droit sur la Requeste de Templier, elle sera communiquée à la Dame d'Hermanville, & que cependant le Procureur General de la Cour des Aydes de Roüen envoyera au Conseil les motifs de l'Arrest de ladite Cour du dix-huit Juillet 1701. qui a déchargé ladite Dame d'Hermanville des condamnations portées par une Sentence des Officiers du Grenier à Sel de Dieppe, du quatre Decembre 1700. pour le tout vû estre ordonné ce qu'il appartiendra.

Du quatriéme Octobre 1701.

Arrest qui ordonne que dans trois jours aprés la signification d'iceluy, Caurier Huissier au Chastelet, presentera à Templier un Estat certifié veritable des sommes qu'il prétend luy estre dûës, à cause du Recouvrement qu'il a fait des droits de huitiéme, & qu'à faute de ce faire dans trois jours, la contrainte contre luy decernée sera executée.

Du huitiéme Octobre 1701.

Arrest qui ordonne que les contestations entre Templier, Richer & ses Arriere-Fermiers pour la Ferme des Domaines & Barrage, seront jugées diffinitivement & en dernier ressort par les sieurs Barangue & le Meignan & tel sur-Arbitre que bon leur semblera.

Du onziéme Octobre 1701.

* Arrest qui ordonne que Templier payera au Receveur Payeur des Gages des Officiers de la Cour de Parlement, Comptes, Aydes & Finances de Navarre en exercice la presente année 1701. la somme de cent vingt livres comptant, pour

estre par luy payée au sieur de Nays de Candau, de laquelle somme il sera tenu compte audit Templier sur le prix de son Bail de la Ferme Generale des Domaines de ladite presente année, en rapportant le present Arrest & la Quittance dudit Payeur.

Du dix-huitiéme Octobre 1701.

Arrest qui nomme le sieur Guyet de la Faye Intendant en la Generalité de Lyon, au lieu du sieur d'Herbigny, pour proceder à l'execution de l'Arrest du Conseil du 16. Fevrier 1700. au sujet d'une saisie de Bleds faite sur le nommé Claude Paris dit la Montagne.

Du vingt cinquiéme Octobre 1701.

Arrest qui commet Monsieur Roüillé pour proceder à l'examen & verification des Estats du produit des Fermes du Bail de Pointeau conjointement avec Messieurs les Commissaires.

Du vingtcinquiéme Octobre 1701.

Arrest qui ordonne que dans trois mois le sieur Bonhomme Juge des Fermes à Perpignan sera tenu de donner la démission de sa Charge de Juge desdites Fermes de Roussillon; & qu'à faute de ce faire & ledit temps passé, declare ladite Charge vacante aux Parties Casuelles, & qu'en attendant qu'il soit pourvû audit Office, le sieur Vezian continuera d'en faire les fonctions.

Du huitiéme Novembre 1701.

Arrest par lequel le Roy cede à Monsieur le Duc d'Orleans par forme d'indemnité, à cause de la moins valuë des nouveaux droits d'Aydes de la Ville & Election d'Orleans, les droits tant anciens que nouveaux des Aydes de l'Election de Pitiviers, à commencer du premier Octobre dernier.

Du douziéme Novembre 1701.

Arrest qui ordonne que dans l'Estat des Gabelles de Provence & Dauphiné, qui sera arresté pour l'année prochaine 1702. il sera fait fonds par doublement des Franc-salez que

Templier

Templier a délivrez aux Officiers Veterans & veuves desdits Officiers du Bureau des Finances de Dauphiné pour le quartier d'Octobre 1697. & les années 1698. 1699. 1700. & la presente année 1701.

Du douziéme Novembre 1701.

Arrest contre les Chauffecires de la Grande Chancellerie concernant le droit de trois livres onze sols sur un Minot de Sel des trois Minots qu'ils ont d'attribution, & qui ordonne que la Requeste du Fermier leur sera communiquée.

Du dix-neuviéme Novembre 1701.

Arrest qui permet à la Dame Maréchale de Crequy, Dame de Vienne-le-Château, de faire construire à ses frais & dépens un Pont sur la Riviere d'Aisne au Bourg de S. Thomas, à la charge de dédommager la Fabrique dudit lieu, le sieur Soulange & autres de la valeur des prez & heritages qu'il faudra prendre pour les abords dudit Pont, à la charge aussi de faire construire une Barriere élevée de six pieds sur ledit Pont, laquelle sera fermée tous les soirs par les Brigades des Gabelles de Cernon & Vienne-la-Ville, qui en garderont les clefs.

Du vingt-deuxiéme Novembre 1701.

Arrest qui commet le sieur Guillot Elû en l'Election de Bresse, pour en l'absence du sieur Tamissier faire les fonctions de Visiteur des Gabelles dans la Province de Bresse, à la residence de Bourg.

Du vingt-deuxiéme Novembre 1701.

Arrest qui ordonne que Me Thomas Templier Fermier des Fermes Generales des Gabelles de France & autres unies, payera comptant au Sr. Victor Chardon Receveur & Payeur alternatif & mytrienal des augmentations de gages des Officier du Parlement de Paris, en exercice l'année 1701 la somme de 313 l. 16 s. pour estre par luy payée aux dénommez en l'Estat de supplément & distribution arresté au Conseil, de laquelle somme il sera tenu compte audit Templier sur le prix de son Bail desdites Gabelles de France de ladite année 1701. en rapportant ledit Arrest & la Quittance dudit Chardon.

Du vingt-deuxiéme Novembre 1701.

Arrest qui ordonne que Me Thomas Templier Fermier General des Gabelles de France & autres Fermes unies, payera comptant au Receveur Payeur des Gages des Officiers de la Chambre des Comptes de Dijon, en exercice l'année 1701. la somme 162 liv. pour estre par luy payée aux dénommez en l'Estat de supplément & distribution arresté au Conseil, de laquelle somme il sera tenu compte audit Templier sur le prix de son Bail desdites Gabelles de France de ladite année 1701. en rapportant ledit Arrest & la Quittance dudit Payeur.

Du vingt-deuxième Novembre 1701.

Arrest qui ordonne que Me Thomas Templier Fermier General des Gabelles de Provence & autres Fermes unies, payera comptant au Receveur Payeur des Gages des Officiers du Parlement d'Aix, en exercice l'année 1701. la somme de 360 liv. pour estre par luy payée au dénommé en l'Estat de supplément & distribution arresté au Conseil, de laquelle somme il sera tenu compte audit Templier sur le prix de son Bail desdites Gabelles de Provence de ladite année 1701. en rapportant ledit Arrest & la Quittance dudit Payeur.

Du vingt-deuxième Novembre 1701.

Arrest qui ordonne que Me Thomas Templier Fermier General des Gabelles de Dauphiné & autres Fermes unies, payera comptant au Receveur Payeur des Gages des Officiers de la Cour de Parlement de Grenoble, en exercice l'année 1701. la somme de 210 liv. 10 s. pour estre par luy payée au dénommé audit Estat de supplément & distribution arresté au Conseil, de laquelle somme il sera tenu compte audit Templier sur le prix de son Bail desdites Gabelles de Dauphiné de ladite année 1701. en rapportant ledit Arrest & la Quittance dudit Payeur.

Du vingt-deuxième Novembre 1701.

Arrest qui ordonne que Me Thomas Templier Fermier General des Gabelles de Languedoc & autres Fermes unies, payera comptant la somme de 16169 liv. 10 s. tant aux Receveurs-Payeurs des gages des Officiers de la Cour des Comptes, Aydes & Finances de Montpellier & du Bureau des Finances de ladite Ville, qu'aux Receveurs Generaux des Finances & du Taillon de la Generalité de Montpellier, en exercice l'année 1701. pour estre par eux payée aux dénommez en l'Estat de supplément & distribution arresté au Conseil, de laquelle somme il sera tenu compte audit Templier sur le prix de son Bail desdites Gabelles de Languedoc de ladite année 1701 en rapportant ledit Arrest & les Quittances tant desdits Payeurs des Gages de ladite Cour des Comptes & dudit Bureau des Finances, que desdits Receveurs Generaux des Finances & du Taillon de ladite Generalité.

Du vingt-deuxiéme Novembre 1701.

Arrest qui ordonne que Me Thomas Templier Fermier General des Gabelles de Languedoc & autres Fermes unies, payera comptant la somme de 10092 l. 10 s. aux Receveurs Generaux des Finances & du Taillon de la Generalité de Toulouse en exercice l'année 1701. pour estre par eux payée aux dénommez en l'Estat de suplément & distribution arresté au Conseil, de laquelle somme il sera tenu compte audit Templier sur le prix de son Bail desdites Gabelles de Languedoc de ladite année 1701. en raportant le present Arrest & les Quittances desdits Receveurs Generaux des Finances & du Taillon de ladite Generalité.

Du vingt-deuxiéme Novembre 1701.

Arrest qui ordonne que les Bleds saisis sur Claude Petit, dit la Montagne, seront vendus à la requeste de Templier pardevant le sieur Bouchu Intendant en Dauphiné ou son Subdelegué à Grenoble, & les deniers en provenans mis és mains dudit Templier ou de son Commis à Grenoble, à la caution de son Bail.

Du vingt-neuviéme Novembre 1701.

Arrest qui liquide à la somme de 54 l. 11 s. 3 d. l'indemnité dûë à Jean Bordet Sous-Fermier des Domaines de Champagne pour sa non joüissance pendant neuf mois onze jours de l'année 1697. d'une rente annuelle de 70 liv. duë au Domaine de Sa Majesté par le sieur Goujon de Thuisy, a cause de sa Terre de S. Florent, & en consequence ordonne qu'il en sera tenu compte audit Bordet sur le prix de son Bail par Me Pierre Pointeau, auquel il en sera pareillement tenu compte par Sa Majesté sur le prix de la Ferme Generale desdits Domaines.

Du sixiéme Decembre 1701.

* Arrest qui ordonne qu'à commencer du premier Janvier

1701. Templier remettra en gros entre les mains de Me François Dazy Payeur des Charges assignées sur les Gabelles de France & Lyonnois, & ceux qui luy succederont, le fonds des gages attribuez aux Officiers des Greniers à Sel desdites Gabelles de France, créez par Edit d'Octobre 1694. dans les termes ordinaires montant à la somme de 93099 liv. 8 s.

Du sixiéme Decembre 1701.

* Arrest qui maintient les Habitans de la Ville de Rocroy dans leurs franchises & privileges de ne payer aucuns droits pour les Denrées & Marchandises de leur consommation, qu'ils tireront tant du Royaume que des Païs Etrangers.

Du vingtiéme Decembre 1701.

* Arrest qui ordonne que les Habitans de la Ville & Principauté de Charleville, ne seront tenus de prendre que de simples Passavans pour les Marchandises qu'ils voudront faire entrer en France.

Du vingtiéme Decembre 1701.

Arrest qui ordonne que la procedure & instruction du procés extraordinaire fait par le sieur Artuffel Juge des Ports au Département de Marseille, tant contre les Auteurs d'une émotion arrivée en la Ville de la Ciotat le 8. Juin 1701. que contre les Negocians & Receveurs des Marchandises de contrebande & autres leurs complices, sera remise au sieur le Bret, & le procés fait & parfait aux coupables & complices, & par luy jugé en dernier ressort avec tel Presidial qu'il voudra choisir.

Du vingtiéme Decembre 1701.

* Arrest qui regle les indemnitez accordées aux Sousfermiers des Aydes & Domaines du Bail de Me Thomas Templier.

Du ving.-quatriéme Decembre 1701.

* Arrest portant suppression des droits de Sortie hors du Royaume sur toutes les Etoffes d'or, d'argent & de soye, & sur les Papiers, Cartes, Cartons & Cartes à joüer, & moderation desdits droits sur toutes les Etoffes de laine & de fil, sur les Toiles de lin & autres Marchandises.

A Paris chez la veuve SAUGRAIN, à l'entrée du Quay de Gêvre, au Paradis.

SUITE DE LA TABLE DES ARRESTS DU CONSEIL

CONCERNANT LES FERMES ROYALES Unies, comprises au Bail de Maistre Thomas Templier, donnez pendant l'année entiere 1702. commencée le premier Janvier audit an.

Du troisiéme Janvier 1702.

ARREST qui ordonne que les Franc-salez accordez aux Officiers, leur seront délivrez en la maniere accoûtumée, nonobstant & sans s'arrester aux saisies & oppositions qui ont esté ou pourroient estre faites sur eux à cet égard, dont Sa Majesté leur a fait & fait en tant que besoin seroit, pleine & entiere main-levée.

Du troisiéme Janvier 1702.

Arrest qui ordonne que par le sieur de Saint Contest, Commissaire departi en la Generalité de Metz, il sera informé du Faux-saunage & Contrebande fait par plusieurs Habitans des environs de Verdun, pour le procés de ceux qui s'en trouveront coupables instruit, fait & parfait par ledit sieur de Saint Contest, estre par luy jugé en dernier ressort en tel Presidial qu'il voudra choisir, ou appeller avec luy nombre de Graduez requis par les Ordonnances.

Du dix-septième Janvier 1702.

* Arrest portant que les Adjudicataires des coupes des Forests de Sa Majesté, payeront les droits de Sortie de leurs Bois hors le Royaume.

Du dix-septième Janvier 1702.

Arrest qui renvoye la Requeste de Templier concernant la construction & la navigation du Canal de la Riviere du Lez en Languedoc, pardevant le sieur de Basville Commissaire député en ladite Province, pour entendre les Parties, dresser Procés verbal de leurs dires & contestations, & donner son avis, & iceluy rapporté au Conseil, estre ordonné ce qu'il appartiendra.

Du vingtième Janvier 1702.

* Arrest de la Cour des Aydes de Paris, qui ordonne conformément aux Articles XV. & XVI. du Titre VI. de l'Ordonnance de 1687. que ceux qui emmeneront des Marchandises du dedans de la Ferme & qui les feront passer dans les quatre lieuës proche des limites, & qui enleveront des Marchandises dans la même distance de quatre lieuës, seront tenus de prendre au Bureau d'où ils partiront (s'il y en a sinon au premier Bureau de leur Route) des acquits à caution, & de payer les droits desdits acquits, à l'exception de ceux qui apporteront dans la Ville de Langres des menuës Denrées pour leur provision.

Du vingt-unième Janvier 1702.

Arrest du Conseil qui ordonne que l'instruction commencée par le sieur de Gomboust President au Grenier à Sel de la Gravelle, à l'occasion du Faux-saunage commis par plusieurs particuliers dénommez dans la Requeste de Templier, & leurs complices, sera par luy continuée jusqu'à Jugement diffinitif inclusivement, avec le nombre d'Officiers requis par l'Ordonnance, sauf l'appel en la Cour des Aydes.

Du vingt-uniéme Janvier 1701.

Arrest qui permet à Monsieur de Saint-Contest Intendant à Metz, de commettre le Lieutenant Criminel de Metz, ou tel autre Officier qu'il jugera à propos, pour faire les informations & instructions necessaires, en execution de l'Arrest du troisiéme du present mois, contre ceux qui ont fait le Faux-saunage & commis la contrebande, pour estre procedé au Jugement des coupables par ledit sieur de Saint Contest en dernier ressort.

Du vingt-uniéme Janvier 1701.

Arrest qui ordonne que la Requeste du Fermier sera communiquée aux Marchands Forains à la Halle aux Toiles de Paris, pour y répondre dans un mois du jour de la signification du present Arrest.

Du vingt-uniéme Janvier 1701.

Arrest qui renvoye la Requeste de Templier à Monsieur d'Herbigny Intendant en la Generalité de Roüen, pour entendre les Parties, dresser Procés verbal & donner son avis, pour le tout envoyé au Conseil estre ordonné ce qu'il appartiendra, au sujet du Sel neuf de rapport qui reste en essence de la pesche des Marchands de Honfleur, pour estre mis en Magasin sous la clef des Officiers & des Proprietaires.

Du trente-uniéme Janvier 1701.

Arrest qui ordonne que sans avoir égard aux Requestes tant de Michel Pottier Sous-Fermier General des Regrats de France, que de ses Arriere-Fermiers, dont Sa Majesté les a deboutez, leurs sous-Baux & arriere-Baux seront executez selon leur forme & teneur.

Du trente-uniéme Janvier 1701.

Arrest qui ordonne que le procés commencé par le Lieutenant Criminel de la Senéchaussée de Riom, à la requeste de Plazenet, contre le nommé la Tour Employé dans les Gabelles, sera par luy continué jusqu'à Jugement diffinitif inclusivement, & à cet effet que les originaux des charges & informations faites par les Juges des Dépośts, seront remis au Greffe de ladite Senéchaussée par le Greffier desdits Dépośts.

Du septiéme Fevrier 1702.

Arrest qui ordonne que les Directeurs, Receveurs & Commis à la Regie & Recette des droits d'Aydes & autres y joints des Elections de Reims & Châlons, Papier & Parchemin Timbré de la Generalité de Champagne, payeront à la décharge de Danisy Adjudicataire desdits droits, à la premiere sommation qui leur en sera faite, les deniers qu'ils auront en leurs mains, & ceux qu'ils recevront, & ce sur les Recepissez des Procureurs de Templier, &c.

Du quatorziéme Fevrier 1702.

Arrest qui ordonne que le prix du Minot de Sel de Franc-salé, dont Maistre Pierre-Estienne Grenetier Garde-Sel au Magasin de Caudebec, a esté livré pour l'année 1702. & qu'il a esté obligé de payer au Receveur du Grenier à Sel de Caudebec, luy sera rendu & restitué, & qu'à l'avenir il joüira tant qu'il sera pourvû dudit Office d'un Minot de Franc-salé, pour lequel il sera employé dans l'Estat desdits Franc-salez.

Du vingt-uniémé Fevrier 1702.

Arrest qui nomme Messieurs Archambault & le Maignan pour juger les contestations d'entre Templier & Forestier Sous-Fermier des Aydes de Lyon, au sujet des comptes de Clerc à Maistre de ladite Sous-Ferme des Aydes de Lyon, &c

Du vingt-uniéme Fevrir 1702.

Arrest portant qu'avant faire droit sur la Requeste de Templier, ordonne qu'elle sera communiquée à Jacques Hallier de la Ville de Valenciennes, & que le Procureur General de la Cour des Aydes envoyera incessamment les motifs de l'Arrest de ladite Cour du 16. Decembre 1701. rendu au sujet d'une saisie de vingt-quatre pieces de Toillettes, faite sur ledit Hallier le 3. Juin 1700. toutes choses cependant demeurant en estat.

Du vingt-uniéme Fevrier 1702.

Arrest qui commet Monsieur de Bouville Intendant en la Generalité d'Orleans, pour instruire, faire & parfaire le procez au nommé le Noble Receveur au Grenier à Sel d'Orleans, pour abus & malversations par luy commises dans la vente des Sels dudit Grenier.

Du onziéme Mars 1702.

Arrest pour faire publier la Ferme des Domaines de Dauphiné à la folle-enchere de Pierre Puissant & ses cautions, faute par eux d'avoir payé les termes échûs du prix de leur Bail, &c.

Du quinziéme Mars 1702.

* Arrest qui ordonne qu'à commencer du jour de la publication, les droits de Sortie sur les Fers qui seront transportez des Provinces de Roussillon & de Languedoc à Marseille & autres Villes de Provence, seront perçûs suivant le Tarif des droits de Foraine, comme auparavant l'Arrest du Conseil du 2. Avril 1701.

Du quinziéme Mars 1702.

* Arrest qui ordonne que les droits d'Entrée du Royaume continuëront d'estre payez pendant deux années, à commencer du premier jour de Juin, sur le pied de cinq sols par chaque Mouton ou Brebis, & de trois livres par chaque Bœuf ou Vache gras ou maigre venant des Païs Etrangers.

Du quinziéme Mars 1702.

* Arrest qui ordonne qu'attendu la moderation des droits d'Entrée sur les Sucres bruts à trois livres le cent pesant, au lieu de quatre livres, la restitution desdits droits demeurera à l'avenir reglée à six livres quinze sols par cent pesant de Sucre rafiné dans le Royaume & transporté dans les Païs Etrangers.

Du vingt-uniéme Mars 1702.

Arrest qui ordonne que les Officiers du Grenier à Sel de Bourges envoyeront à Monseigneur Chamillart leurs Procés verbaux concernant l'état de la Masse des Sels emplacez le 18. May 1701. & leur fait deffenses de faire aucunes poursuites pour raison de ce en la Cour des Aydes ni ailleurs, à peine de nullité.

Du vingt-uniéme Mars 1702.

* Arrest qui ordonne sans s'arrester à la Sentence du Juge des Traites d'Angers du 3. Janvier 1701. ni à tout ce qui s'en est ensuivi, décharge Templier de la condamnation portée par icelle, & en consequence que les Sucres appartenans à la Compagnie de Guinée, ne joüiront de l'exemption portée par l'Arrest du vingt Mars 1688. que lorsqu'ils passeront pour le compte de la Compagnie de Guinée sans avoir esté commercez.

Du vingt-huitiéme Mars 1702.

Arrest qui ordonne que Claude Pollet Grenetier-Garde Sel en la Jurisdiction du Grenier à Sel du Ludde, joüira d'un Minot de Sel de Franc-salé tant qu'il sera pourvû dudit Office pour lequel il sera employé dans l'Estat des Franc-salez, & en consequence l'a déchargé de l'obligation que le Receveur dudit Grenier à Sel du Ludde a exigé de luy pour le prix du Minot de Sel dont il a esté livré pour son Franc-salé de la presente année.

Du vingt-huitiéme Mars 1702.

Arrest qui nomme Mr de la Chaussée pour remplir la place de feu Mr Hamelin dans les Fermes Generales du Bail de Thomas Templier.

Du deuxiéme Avril 1702.

* Arrest portant diminution des droits de Sortie pour les Païs Etrangers, sur les Marchandises mentionnées audit Arrest.

Du quatriéme Avril 1702.

Arrest portant que sans s'arrester à l'Arrest de la Cour des Aydes & Finances de Provence du 25. Fevrier 1702. ni à tout ce qui s'en est ensuivi, que Sa Majesté a cassé & annullé, a déchargé Templier de l'assignation qui luy a esté donnée par Exploit du même jour, à la requeste de Jacques Silvy, l'une des Cautions de Gabriel Sauvet Sousfermier des droits du Timbre sur le Papier & Parchemin dans les Ressorts des Parlemens de Provence & Dauphiné, & fait deffenses à ladite Cour de surseoir les contraintes qui seront decernées par le Fermier General contre ses Sousfermiers.

Du dixiéme Avril 1702.

* Arrest qui décharge l'Acier en bille & non employé & le Fer en gueuse & en mine venant des Païs Etrangers dans le Haynaut François, de tous les droits d'Entrée, & qui ordonne ce qui sera levé aux entrées du Haynault François & de la Flandre Françoise, venant des Païs Etrangers, sur les Marchandises de Fer contenuës dans ledit Arrest, à commencer du jour de la publication d'iceluy.

Du onziéme Avril 1702.

* Arrest qui deffend l'entrée de toutes les Marchandises des Fabriques d'Angleterre, d'Ecosse & d'Irlande, & ordonne que tuotes celles qui se trouveront chez les Marchands aprés le dernier Avril seront confisquées.

Du vingt-cinquiéme Avril 1701.

Arrest qui ordonne que l'Article premier du Titre 13. de l'Ordonnance de 1680. sera executé, & en consequence que les Officiers des Greniers à Sel de Noyon, Mirebeau & Saint Jean de Losne, serout contraints solidairement & par corps au payement du prix des Sels qu'ils ont levez & pourroient lever en execution des Jugemens des 6. Juin, 13. Septembre 1701. & 14. Janvier 1702.

Du deuxiéme May 1702.

Arrest qui ordonne qu'avant faire droit sur la Requeste de Templier, elle sera communiquée aux Dames Religieuses Chartreuses de Salettes, au sujet d'un Peage par elles prétendu sur les Sels passant devant le Peage de Quirien en Dauphiné, destinez pour la Savoye pour les Suisses & autres Traites Etrangeres, & au Sieur Moignat l'une des Cautions de François Vacherot Entrepreneur des Voitures desdits Sels par le Rosne, pour leur réponse vûë, qu'elles seront tenus de fournir dans la quinzaine du jour de la signification dudit Arrest, estre ordonné ce qu'il appartiendra.

Du deuxiéme May 1702.

* Arrest qui ordonne que les Habitans de S. Vallery sur Somme & ceux de Cayeux, payeront dix livres pour chaque Minot de Sel qu'il leveront au Grenier à Sel de Saint Vallery pour leurs provisions, grosses & menuës Salaisons, en ce non compris les augmentations & droits attribuez par Edits de Sa Majesté : Et à l'égard du Sel qui sera délivré ausdits Habitans pour la Salaison des Poissons de leur pesche, le prix en demeure fixé à l'avenir pour le temps de Paix ou de Guerre, à quatre livres quinze sols dix deniers le Minot.

Du neuviéme May 1702.

* Declaration du Roy concernant l'établissement des Sextez dans les Greniers à Sel des Gabelles de France & Lyonnois, & pour l'inscription de faux contre les Procés verbaux des Commis & Gardes.

Du neuviéme May 1702.

Arrest qui accepte les offres du Sieur Raffias pour la construction de deux Greniers à Sel dans la Ville de Cosne, avec un Bureau pour la Recette, lesquels serviront au Fermier General des Gabelles du Bail prochain, le tout pour la somme de quatre cens livres de loyer par chacun an.

Du neuviéme May 1702.

Arrest qui évoque au Conseil l'Instance pendante en la Cour des Aydes de Paris, entre les Habitans de la Paroisse de Waban & Groffier en Picardie, & Thomas Templier Fermier General des Gabelles, circonstances & dépendances, & en consequence renvoye les Parties pardevant le Sieur Bignon Conseiller d'Estat, Commissaire départy és Provinces de Picardie & Artois, qui dressera son Procés verbal de leurs dires & contestations, pour iceluy vû & rapporté au Conseil avec son avis, estre ordonné ce qu'il appartiendra.

Du neuviéme May 1702.

Arrest qui ordonne que conformément à l'avis du Sieur de Basville Intendant en Languedoc, aux frais de ladite Province, il sera posé une troisiéme Chaisne pour fermer l'Arche du Pont de Cette du costé du Port, ce faisant permet aux Marchands & Negocians d'avoir des Magasins particuliers sur le bord du Canal, qui communique du Port de Cette aux Etangs, pour y entreposer leurs Vins, Eaux-de Vie & autres Marchandises & Denrées, dont ils garderont les clefs : Et pourront lesdits Marchands convertir leurs Vins en Eaux-de-Vie, en faisant par eux leurs declarations, &c.

Du neuviéme May 1702.

Arrest qui ordonne que les Abbé & Religieux de l'Abbaye de S. André aux Bois en Picardie, seront tenus de lever au Grenier à Sel de Forests-Moutier le Sel necessaire pour leurs grosses & menuës Salaisons, & leurs Fermiers tenus de recevoir & payer le prix de celuy auquel ils seront imposez.

Du neuviéme May 1702.

Arrest qui ordonne que Pointeau & Templier viendront à concurrence & contribution sur le prix de l'Office de Receveur du Grenier à Sel de Bellegarde & Augmentations de Gages y attribuez sur le produit de la vente des meubles &

autres effets qui se trouveront appartenir à Jean Villedieu Titulaire dudit Office.

Du seizième May 1702.

Arrest qui homologue le Jugement rendu le 13. Septembre 1701. par les Sieurs Barangue & le Maignan, commis par l'Arrest du 2. Octobre 1700. sur le compte de Clerc à Maistre entre Templier & Richer de la Ferme des Domaines, Barrages, Poids-le-Roy, & droits des Visiteurs des Suifs, & en consequence ordonne qu'il sera executé selon sa forme & teneur.

Du seizième May 1702.

Arrest qui ordonne que François le Mullier Receveur des Gabelles au Grenier à Sel de Semur en Auxois, ne pourra en consequence de l'Arrest du Conseil du 28. Mars 1702. rentrer dans les fonctions dudit Office de Receveur au Grenier à Sel de Semur dont il est pourvû, qu'en rapportant par luy la quittance du debet de ses précedens exercices, en donnant bonne & suffisante caution à Templier, & en payant préalablement sa taxe de la confirmation de l'heredité.

Du seizième May 1702.

* Arrest qui casse la Sentence du Juge des Traites de Calais du 13. Aoust 1698. & ordonne l'execution des Articles VII. du Titre XIV. de l'Ordonnance de 1687. & CCCCVIII. du Bail de Domergue, & conformément à iceux que les droits d'Entrée & de Sortie sur les Eaux-de-Vie seront payez sur le pied du Muid de Paris, & en consequence que le nommé Cloud & ses Associez, Marchands à Calais, seront tenus de payer le supplément des droits dûs sur les Eaux-de-Vie portez par ladite Sentence, &c.

Du seizième May 1702.

Arrest qui ordonne que la Requeste de Templier Fermier General des Gabelles, sera communiquée à Charles Lyon Procureur du Roy en la Ville d'Honfleur, au sujet de quatre-vingt-sept muids dix septiers six minots de Sel qu'il a fait venir de la Province de Bretagne pour les Salaisons de sa Pesche, dont il a refusé de payer les droits de dix-huit livres par muid, suivant le Tarif de 1664. pour sa réponse vûë, qu'il sera tenu de fournir dans un mois, estre ordonné ce qu'il appartiendra.

Du vingt-troisiéme May 1702.

Arrest qui ordonne que le Commis nommé par Templier pour faire la Recette des Traites & Quart-Boüillon au Bureau d'Isigny, y sera incessamment établi, nonobstant toutes oppositions faites ou à faire, tant par le nommé Legoux Commis à ladite Recette, que par le sieur Gosselin Proprietaire de l'Office de Receveur audit Bureau, sauf à estre procedé à la liquidation dudit Office, & ensuite pourvû au remboursement dudit Gosselin.

Du vingt-neuviéme May 1702.

* Arrest qui permet aux Sujets de Sa Majesté de la Province de Poitou, Generalité de la Rochelle & Païs d'Aunis, de faire sortir les Bleds desdits Païs, pour les transporter tant par mer que par terre dans les autres Provinces du Royaume, & hors d'iceluy sans Passeports de Sa Majesté.

Du sixiéme Juin 1702.

Arrest qui ordonne que le Greffier Criminel du Bailliage de Lons-le-Saunier, envoyera incessamment au Greffe du Conseil copie en forme des Informations & autres Procedures faites contre Nicolas Pelletier Controlleur de l'Entrepost des Sels de Rozieres audit Lons-le-Saunier, & Jean Villet pere & fils ses assistans, pour sur le vû d'icelle estre par Sa Majesté ordonné ce qu'il appartiendra, & cependant l'instruction continuée par les Officiers dudit Bailliage jusqu'à Sentence diffinitive exclusivement.

Du sixiéme Juin 1702.

Arrest qui ordonne que sur les contestations d'entre Thomas le Mire Entrepreneur de la Voiture des Sels de la Riviere de Seine & autres Rivieres y affluantes, Gabriel Morin & ses

Cautions, & Thomas Templier Fermier General des Gabelles de France, les Parties procederont au Conseil, conformément au Traité fait entre elles le quatre Janvier 1701.

Du treiziéme Juin 1702.

Arrest qui ordonne que par Monsieur Bauyn d'Angervilliers Intendant à Alençon, le procés commencé par Monsieur Pinon lors Intendant, contre Semillard & ses complices, pour malversations commises dans les mesurages & emplacemens des Sels, sera par luy continué & jugé en dernier ressort avec le Presidial d'Alençon.

Du vingtiéme Juin 1702.

Arrest qui ordonne que par Monsieur Sanson Intendant dans la Generalité de Soissons, le procés sera fait & parfait en dernier ressort à plusieurs Quidans qui ont assassiné & volé le nommé Daillant Commis-Garde au Grenier à Sel de Marle, sur le grand Chemin, comme il portoit les deniers de la Recette dudit Grenier de Marle au Bureau de Soissons.

Du vingt Juin 1702.

* Arrest du Conseil portant Reglement sur les prises faites en mer, & les échoüemens pendant la guerre, & regle les droits sur les Marchandises qui en proviendront.

Du vingtiéme Juin 1702.

Arrest qui ordonne que la Requeste sera communiquée aux Marchands de Toiles de Laval, au sujet des droits de Sortie sur les Toiles de leurs Manufactures, dont ils prétendent joüir de la reduction portée par l'Arrest du vingt-quatre Decembre 1701. depuis ledit jour jusqu'au deux Avril 1702. &c.

Du vingt-septiéme Juin 1702.

Arrest pour faire remettre és mains de Monsieur de Caumartin les Quittances de Finance & les Provisions de l'Office de Receveur des Traites à Dunkerque par le Sieur Desgarennes Titulaire dudit Office, pour estre procedé à la liquidation de la Finance d'iceluy, & permet aux Cautions de Templier de commettre à l'exercice de ladite Recette.

Du quatriéme Juillet 1702.

Arrest concernant une saisie de Bœufs faite en Bretagne par les Commis des Fermes, adjugée par Sentence du Juge des Traites de Fougeres, qui ordonne que le Procureur General du Parlement de Rennes envoyera au Conseil les motifs de l'Arrest du deux Mars dernier qui a infirmé ladite Sentence.

Du quatriéme Juillet 1702.

* Arrest qui ordonne que les droits sur les Marchandises sortant de la Province de Bretagne par Nantes, tant par terre que par la Loire, seront acquittées sur le pied des Marchandises dans l'Article VIII. de la Pencarte de Nantes de 1512. à raison de six sols tournois ou monnoye courante par cent pesant, suivant les Arrests du Conseil: Et pour les Laines de Barbarie & autres Laines Estrangeres sur le pied de trois sols neuf deniers, ainsi que pour les Laines d'Espagne, sans que les droits de la Traite domaniale puissent estre exigez à la Sortie par mer sur les Marchandises exprimées dans le present Arrest.

Du onziéme Juillet 1702.

Arrest pour faire publier à la folle-enchere d'Edme Dangy & ses Cautions la Ferme des Aydes & droits y joints, des Elections de Langres & Chaumont.

Du onziéme Juillet 1702.

Arrest concernant une vente de meubles faite par Vaillant Huissier pour Templier, sur Jean Discar Cabaretier au Fauxbourg de la Conference, redevable des droits du Vin par luy vendu, qui ordonne que la Requeste dudit Templier sera communiquée aux Huissiers Priseurs du Chastelet, pour y fournir de réponses dans huitaine du jour de la signification d'iceluy, sinon qu'il sera fait droit sur les fins de ladite Requeste ainsi qu'il appartiendra.

Du onzième Juillet 1702.

Arrest qui ordonne que celuy du six Mars 1691. sera executé, & conformément à iceluy, que Templier payera suivant ses offres aux Echevins & Receveurs des Octrois de la Ville de Blois la somme de cinq mil livres par an pour tout le Sel qu'il fera passer par ladite Ville de Blois, & ce tant que la guerre durera, à commencer du premier Octobre prochain.

Du dix-huitième Juillet 1702.

Arrest concernant une saisie de trois cens cinquante-une livres pesant de Cire, faite sur Jean Buquet Marchand Potier d'Etain de la Ville de Craon, par les Commis de la Ferme, adjugée par Sentence contradictoire du Juge des Traites du quinze Juillet 1698. qui ordonne qu'avant faire droit sur la Requeste de Templier, le Procureur General de la Cour des Aydes de Paris, envoyera au Conseil les motifs de l'Arrest de ladite Cour du 28. Juin 1702. qui infirme ladite Sentence.

Du dix-huitième Juillet 1702.

Arrest qui nomme le Sieur de Pinchesne pour faire le Controlle de la Caisse des Emprunts, & tenir les Registres necessaires au Controlle de la Recette & Dépense de ladite Caisse, aux appointemens de trois mil livres par an.

Du dix-huitième Juillet 1702.

Arrest qui enjoint aux Officiers du Grenier à Sel de Semur en Auxois d'établir le sieur Boudrey en l'exercice de la Commission de Controlleur audit Grenier, nonobstant les oppositions formées par lesdits Officiers.

Du dix-huitième Juillet 1702.

* Arrest qui ordonne que tous Exploits & Actes introduc-

tifs d'Instance & autres qui seront faits à Paris concernant les Fermes de Sa Majesté, seront faits & signifiez à la personne de Maistre Pierre Chartier resident au Bureau General desdites Fermes à Paris, nommé à cet effet par les Fermiers Generaux, lequel en tiendra Registre, & visera lesdits Exploits, qu'ils rendra à l'instant aux Huissiers & Sergens qui les auront signifiez, sans que la signification desdits Exploits & Actes puisse estre à l'avenir par eux faite à d'autres qu'audit Chartier en son Bureau, à peine d'interdiction contre lesdits Huissiers & Sergens, de nullité, cassation de procedures, & de tous dépens, dommages & interests.

Du premier Aoust 1702.

* Arrest qui deffend à Templier de percevoir à l'avenir les droits de Parisis, douze & six deniers des droits des Auneurs de Toile, & le décharge neanmoins de la restitution desdits droits pour le passé jusqu'au jour de l'Arrest du dix Novembre 1699.

Du premier Aoust 1702.

Arrest qui fait deffenses aux Proprietaires & autres prétendans droits d'arrosage des Eaux de la Riviere du Lez, d'interrompre sous quelque pretexte que ce soit la navigation de ladite Riviere, à peine de quinze cens livres d'amende, dépens, dommages & interests.

Du huitiême Aoust 1702.

Arrest qui ordonne que la Sous Ferme des Aydes de Reims & Châlons, Papier & Parchemin Timbré de la Generalité de Champagne, sera publiée à la folle enchere de Charles Danizy & ses Cautions.

Du huitiême Aoust 1702.

Arrest qui ordonne que la Sous-Ferme des Aydes des Elections de Senlis, Compiegne & Beauvais, sera publiée à la folle-enchere de Pierre Pigneux & ses Cautions.

Du huitiéme Aoust 1702.

Arrest qui ordonne que les Registres du Controlle de la Recette & Dépense de la Caisse des Emprunts, qui doivent estre tenus par le sieur Pincheine, ensemble ceux de la Recette & Dépense de ladite Caisse qui sont tenus par le sieur Guigou, seront cottez & paraphez en toutes leurs pages par Monsieur Dubuisson Conseiller d'Etat ordinaire, Intendant des Finances.

Du huitiéme Aoust 1702.

Arrest concernant la Ferme des Domaines & Barrage & Poids-le-Roy, qui deboute le Sieur Morlac de son opposition à l'execution des Arrests du Conseil des onze Octobre 1700. & huit Octobre 1701. lesquels seront executez.

Du douxiéme Aoust 1702.

Arrest qui nomme les sieurs Chaillon & le Meignan pour juger diffinitivement les contestations survenuës entre Templier, Forestier & ses Cautions, sur le compte de Clerc à Maître de la Sous-Ferme des Aydes de Lyon, & en cas d'avis contraire, Sa Majesté leur permet de choisir telle personne qu'ils aviseront pour juger conjointement avec eux; ce faisant, ordonne que leur Jugement sera homologué par Arrest du Conseil.

Du douziéme Aoust 1702.

Arrest qui annulle une Sentence renduë par le sieur Potherat Grenetier au Grenier à Sel d'Auxerre le 17. May 1702. & en consequence ordonne que les sacs ensalinez du fournissement des Sels de la presente année, qui sont dans le Dépost d'Auxerre, seront remis és mains des Commis de Templier & de l'Entrepreneur des Voitures, pour estre portez à la Riviere & lavez à la diligence du Fermier en la maniere accoûtumée.

Du dix-neuviéme Aoust 1702.

Arrest pour faire publier à la folle-enchere de Jacque

Bigeo

Bigeon & ſes Cautions, la Sous-Ferme des Dentelles de Flandres.

Du dix-neuviéme Aouſt 1702.

Arreſt qui ordonne que ſans s'arreſter à l'Arreſt du Grand Conſeil du 19. Janvier 1701. les quatre Chauffecires de la Grande Chancellerie ſeront tenus de payer outre le prix Marchand fixé à cinquante ſols pour chacun des trois Minots de Sel à eux attribuez, le droit de trois livres onze ſols pour l'un deſdits trois Minots, conformément aux Eſtats & Arreſts du Conſeil.

Du cinquiéme Septembre 1702.

Arreſt qui ordonne que les Charges & Informations faites (au ſujet d'un riſque arrivé envers deux Gardes de la Brigade des Fermes en la Ville de Bordeaux, en faiſant la viſite de pluſieurs Marchandiſes chargées en fraude ſur le Bateau appartenant au nommé Bonvilleau) tant de l'autorité du Juge des Fermes de la Ville de Bordeaux à la requeſte de Templier, que par les Maire & Jurats de ladite Ville, à la requeſte d'Eſtienne Fauſſecave, ſeront apportées au Greffe du Conſeil, pour icelles vûës, eſtre ordonné ce que de raiſon; & cependant que la procedure ſera continuée par ledit Juge des Fermes, juſqu'à Jugement diffinitif excluſivement.

Du cinquiéme Septembre 1702.

Arreſt qui declare ſujets aux droits de Gabelles les Habitans du Village de Mont prés la Marche, au Duché de Bar, & ordonne qu'ils ſeront tenus de prendre leur Sel au Grenier de Langres, au lieu de celuy de Sainte-Menehoult, dénommé par erreur dans l'Arreſt du 21. Fevrier 1682. & ce ſur le pied de vingt livres le Minot.

Du cinquiéme Septembre 1702.

Arreſt qui ordonne qu'il ſera tenu compte à Templier de la ſomme de neuf mil livres huit ſols ſix deniers par chacune des quatre premieres années de son Bail, pour la non joüissance des deux quartiers retranchez des Charges locales assignées sur les anciens droits d'Aydes de l'Election d'Orleans, dont Sa Majesté a fait don à Monsieur le Duc d'Orleans.

Du cinquiéme Septembre 1702.

Arrest qui ordonne que les dix minots de Sel attribuez aux Jurez Vendeurs de Marée par la Declaration du 18. Juillet dernier, leur seront délivrez par les Officiers & Receveur au Grenier à Sel de Paris pour la presente année, en payant cinquante sols par minot.

Du neuviéme Septembre 1702.

Arrest qui décharge Templier de l'assignation à luy donnée au Parlement, Cour des Aydes de Dijon, à la requeste du sieur le Meulier Receveur du Grenier à Sel de Semur en Auxois, par Exploit du dix-sept Aoust 1702. fait deffenses audit le Meulier de faire aucunes poursuites à l'encontre de Templier ailleurs qu'au Conseil, à peine de nullité, cassation, mil livres d'amende, & de tous dépens, dommages & interests.

Du douziéme Septembre 1702.

Arrest qui ordonne que sans s'arrester à l'opposition formée par Edme Dangy Sous-Fermier des Elections de Langres & Chaumont, à l'execution de l'Arrest du Conseil du onze Juillet dernier, qu'au jour qui sera indiqué par Monsieur Bignon de Blanzy Intendant des Finances, il sera procedé sans autre remise à l'Adjudication pure & simple de ladite Sous-Ferme des Aydes de Langres & Chaumont, sur l'Enchere de Monsieur de Mons Avocat és Conseils, de 65500. livres.

Du seiziéme Septembre 1702.

Arrest qui décharge Jean Viguier du Bail à luy fait des droits attribuez aux Pourvoyeurs Vendeurs d'Huistres en écaille par les Edit & Declaration des mois d'Aoust 1691. &

Juillet 1698. pour la derniere année restante à expirer dudit Bail, à commencer au premier Octobre 1701. Ordonne qu'il sera procedé pardevant Monsieur Bignon au Bureau des Fermes Generales, aux Publications, Encheres & Adjudication desdits droits pour sept années, qui commenceront audit jour premier Octobre 1702. & qui finiront au dernier Septembre 1709.

Du seiziéme septembre 1702.

Arrest qui ordonne que les sieurs Chauveau, Luillier, de Voye, Bruneteau & Randon Interessez par acte du huit Mars 1701. au Bail des Aydes des Elections de Pontoise, Gisors, Chaumont & Magny, seront tenus solidairement avec les autres Associez qui l'ont signé, au payement d'iceluy, & à l'execution des clauses & conditions y contenuës pour les trois dernieres années seulement, qui finiront au dernier Septembre 1703.

Du seiziéme Septembre 1702.

* Arrest qui décharge les Habitans de la Ville de Bayonne du payement des droits portez par le Tarif du 18. Avril 1667. & par les Arrests posterieurs, même de ceux portez par le Tarif du 8. Decembre 1699. & en consequence, ordonne que les Bureaux établis dans ladite Ville de Bayonne pour la perception desdits droits, seront levez & ostez; fait défenses au Fermier des Cinq Grosses Fermes d'exiger dans ladite Ville autres & plus grands droits sur les Marchandises y entrant ou sortant, que ceux portez par le Tarif particulier de la Coutume de Bayonne, & sans que lesdites Marchandises mentionnées ausdits Tarifs de 1667. & 1699. puissent sortir de ladite Ville par terre, que par les Bureaux du pas de Behobie, Ascain & Dainhoa.

Du seiziéme Septembre 1702.

Arrest qui nomme Mr Pellart pour remplir la place de Mr Bigodet dans les Fermes Generales du Bail de Templier, & ce dans le Département des Cinq Grosses Fermes où estoit ledit sieur Bigodet.

Du seizième Septembre 1702.

Arrest qui nomme Mr Arnauld pour remplir la place de Mr Doüilly dans les Fermes Generales du Bail de Templier, & ce dans le Département des Gabelles où estoit ledit sieur Doüilly.

Du vingt-sixième Septembre 1702.

* Arrest qui declare que les Razes, Estamines & autres Etoffes de pareille qualité des Manufactures de Châlons, doivent estre censées comprises dans les Arrests du Conseil des 24. Decembre 1701. & deux Avril 1702. & en consequence qu'elles peuvent sortir de l'étenduë des Cinq Grosses Fermes, pour estre transportées dans les Païs Etrangers, en payant seulement trois livres, ainsi que les Estamines de Reims, au lieu de six livres du cent pesant, portez par le Tarif general de l'année 1664.

Du trentième Septembre 1702.

* Arrest qui ordonne que les Arrests du Conseil des 15. Juin 1688. & 14. Juin 1689. seront executez selon leur forme & teneur, tant pour la sortie des Manufactures de la Flandre Françoise, Païs conquis & cedez à Sa Majesté, que pour l'entrée des Matieres servant à leur fabrication par les Ports & Bureaux de Calais, Peronne, Bayonne, Septem, Langres & Pont de Beauvoisin.

Du trentième Septembre 1702.

* Arrest qui permet la sortie des Bleds, Fromens, Seigles & Méteils hors du Royaume par tous les Ports, Bureaux & Passages jusqu'au premier Avril prochain, sans payer aucuns droits de sortie.

Du troisième Octobre 1702.

* Arrest portant Reglement sur les droits de sortie des Marchandises mentionnées aux Arrests des vingt-quatre Decembre 1701. & deux Avril 1702.

Du vingt-unième Octobre 1702.

Arrest qui diminue l'Impost du Sel des Greniers d'Issoudun, la Chastre, Buzançois & Argenton pour l'année prochaine 1703.

Du vingt-unième Octobre 1702.

* Arrest qui décharge du droit de trente sols par Raziere tout le Sel de France qui sera tiré de Dunkerque par les Canaux, pour estre transporté dans les Païs Bas Espagnols, à la charge de prendre des Acquits à Caution.

Du vingt-huitième Octobre 1702.

Arrest qui ordonne que sans s'arrester à la saisie & opposition faite par Antoine de Bartet, sur le sieur Jean-Baptiste du Menil cy-devant Receveur Titulaire du Bureau de Libourne, és mains du sieur Baret Receveur General des Fermes, & à toutes autres faites ou à faire, ledit sieur Bartet expedira son Recepissé à la décharge dudit du Menil, de la somme de treize mil deux cens livres sur le Bail de Templier, pour estre ledit Recepissé remis au Commis à l'examen des Comptes, qui en déchargera d'autant le debet du Compte dudit du Menil.

Du vingt-huitième Octobre 1702.

Arrest qui ordonne que les appellations qui ont esté ou pourroient estre interjettées du Jugement rendu le seize du present mois d'Octobre par le Juge des Traites de Saint Estienne, à l'occasion de l'homicide commis le dix-sept May dernier dans ladite Ville, en la personne du nommé Voisset, dit Sans-Quartier Muletier du Sieur Evêque du Puy, par un Brigadier & deux Gardes de la Ferme, seront portées pardevant les Officiers du Parlement, Cour des Aydes de Grenoble, & par eux jugées suivant la rigueur des Ordonnances.

Du quinzième Novembre 1702.

* Arrest qui ordonne que les Marchandises qui seront

transportées d'un lieu en un autre de la Flandre Espagnolle, en passant sur les Terres de la domination de Sa Majesté, seront déchargées du payement des droits d'Entrée & de Sortie.

Du dix-huitiéme Novembre 1702.

Arrest qui évoque l'Instance pendante devant le Juge des Traites de Tournay entre Templier, & Pierre Ignace Vuillens Apoticaire & sa femme, à l'occasion d'une rebellion par eux faite contre les Commis des Fermes, dans une visite qu'ils vouloient faire des Marchandises que lesdits Villiens & sa femme faisoient entrer en fraude en ladite Ville; & sans s'arrester à l'Arrest du Parlement de Tournay du vingt-sept Octobre 1702. que Sa Majesté a cassé & annullé, renvoye ladite Instance avec ces circonstances & dépendances pardevant le Sieur Dugué de Bagnols Intendant en Flandre, pour estre par luy jugée en dernier ressort, avec le nombre de Graduez requis par l'Ordonnance, nonobstant oppositions ou autres empêchemens quelconques.

Du dix-huitiéme Novembre 1702.

* Declaration du Roy portant augmentation du prix qui doit estre payé pendant la Guerre sur chaque Minot de Sel qui sera vendu & distribué dans les Greniers à Sel des Gabelles de France, de vente volontaire & d'impost, & de la Ferme des Gabelles de Lyonnois, même par les Officiers des Conseils, Cours Superieures, Secretaires du Roy, Tresoriers de France, Officiers des Elections & Greniers, & autres qui ont droit de prendre du Sel à titre de Francsalé & Privilege, outre & par-dessus les prix qui se payent presentement, & ce à commencer du premier Janvier prochain 1703.

Du vingt-uniéme Novembre 1702.

Arrest qui approuve & autorise les promesses expediées par les Cautions du Bail de Templier depuis l'établissement de la Caisse des Emprunts, ensemble les interests y contenus, &

ce pour & au lieu de celles de Pointeau, qui sont échûës depuis le 4. Mars 1701. jusques & compris le 13. dudit mois, & à compter du jour de leurs écheances, suivant l'employ qui en a esté fait au Registre de ladite Caisse des Emprunts,

Du vingt-uniéme Novembre 1701.

Arrest qui ordonne que le Bail fait par Templier à Nicolas Cousin le trois Juillet 1700. de Cens & Rentes dans la Ville & Fauxbourgs de Paris, demeurera nul & resolu pour les deux dernieres années d'iceluy 1702. & 1703. ce faisant que dans huitaine Loubet & autres qui se sont immiscez dans ce Recouvrement, rendront compte à Templier des sommes qu'ils en ont reçûës, & en consequence permet à Templier de commettre à la Recette desdits droits qui bon luy semblera : Fait deffenses audit Loubet & autres de s'immisser dans ledit Recouvremant, à peine de concussion.

Du vingt-uniéme Novembre 1701.

* Arrest qui ordonne qu'à commencer du jour de la publication d'iceluy, jusqu'au dernier jour de Septembre 1703. il ne sera levé aux Entrées du Royaume que trente sols par cent pesant sur les Beurres Etrangers.

Du vingt uniéme Novembre 1701.

* Arrest qui ordonne qu'à commencer du jour de la publication d'iceluy, jusqu'au dernier Septembre 1703. il ne sera levé aux Entrées du Royaume sur les Fromages venans des Païs Etrangers, que trente sols par cent pesant, à l'exception de ceux d'Holande & d'Angleterre, dont l'Entrée & le Commerce demeureront interdits.

Du vingt-cinquiéme Novembre 1701.

* Arrest qui ordonne que la levée & perception de quatre livres par augmentation par Minot de Sel de vente volontaire, & trois livres par Minot d'Impost dans les Gabelles de France, & quatre livres par Minot dans les Gabelles de Lionnois; ensemble de dix liv. d'augmentation par Minot de

Franc-Salé, Privilege & gratification dans lesdits Gabelles de France, & sept livres per Minot de Franc-salé dans les Gabelles de Lyonnois, sera faite par Thomas Templier, ses Procureurs & Commis, à commencer du premier Janvier 1703 le tout outre & pardessus le prix qui se payent à present.

Du vingt-cinquiéme Novembre 1702.

* Arrest qui ordonne qu'en attendant l'Enregistrement des Declarations de Sa Majesté au Parlement de Grenoble, aux Cours des Comptes, Aydes & Finances de Provence & de Languedoc, & au Conseil Superieur de Roussillon, la levée de quarante sols d'augmentation par minot de Sel qui sera vendu & distribué dans les Greniers, Chambres & autres lieux desdites Gabelles de Dauphiné, Provence, Languedoc & Roussillon, sera faite par Thomas Templier, ses Procureurs & Commis, à commencer du premier Janvier 1703. ensemble les quatre livres d'augmentation par minot de Franc-salé en Dauphiné, Provence & Languedoc, & les quarante sols aussi d'augmentation par minot de Franc-salé dans les Gabelles de Roussillon, le tout outre & pardessus les prix qui se payent à present.

Du vingt-cinquiéme Novembre 1702.

Arrest qui ordonne que les Sels destinez pour la Savoye, pour les Suisses & autres Traites Etrangeres, demeureront exempts de tous droits de Peage de Quirieu, fait deffenses aux Religieuses Chartreuses de Sallettes, & à tous autres d'exiger aucuns Peages & Droits audit lieu de Quirieu ni ailleurs sur lesdits Sels, Denrées & Ustanciles pour le service & entretien des Barques, à peine de restitution & de tous dépens, dommages & interests.

Du cinquiéme Decembre 1702.

Arrest qui ordonne, sans s'arrester à la Requeste de Templier Fermier General des Gabelles, ni à celles de le Pelletier Controlleur de l'Entrepost de Sels de Rozieres à Lons le Saunier, & de Jean & Claude-Jacques Villet pere & fils; que les Officiers du Bailliage dudit Lons le Saunier continuëront l'instruction l'instruction de l'Instatce criminelle par eux commencée, à l'occasion du meurtre de François Brunet Habitant de Cousance le premier May dernier, jusqu'à Jugement diffinitif inclusivement, sauf l'appel au Parlement de Besançon.

Du cinquième Decembre 1702.

* Arrest qui ordonne que les Habitans de la Ville & Principauté de Sedan, ne pourront faire entrer en gros ni en détail ou par petites parties dans l'étenduë des Cinq Grosses Fermes par le Bureau de Torcy ou autres, des Drogueries & Epiceries, ni autres Marchandises dont l'Entrée est fixée par certains Ports & Bureaux exprimez dans les Reglemens & Arrests du Conseil ; comme aussi qu'ils ne pourront faire entrer des Sucres en gros ou petites parties qu'en payant les droits en entier, suivant l'Arrest du Conseil du vingt-cinq Avril 1690. à proportion de la quantité qu'ils feront entrer.

Du douziéme Decembre 1702.

Arrest qui ordonne que les Officiers du Grenier à Sel de Mirebaud, seront tenus à l'avenir de faire l'ouverture dudit Grenier deux fois la semaine, depuis le premier Octobre jusqu'au dernier Mars, & pendant les autres six mois seulement une fois la semaine avant midy.

Du douziéme Decembre 1702.

* Arrest qui décharge les Fers, soit en gueuses ou en barres provenans des Forges de Montagnié & de Bonuial qui seront transportées en Suisse & autres Païs Estrangers, du payement des droits portez par l'Arrest du Conseil du deux Avril 1701.

Du douiziéme Decembre 1702.

* Arrest qui ordonne que les Laines d'Espagne destinées pour les Provinces de l'étenduë des Cinq Grosses Fermes venant par terre par Bayonne ou par Bordeaux pendant la pre-

sente Guerre, ne payeront pour tous droits d'Entrée que ceux portez par le Tarif de l'année 1664. comme si elles venoient à droiture par Roüen ou autre Port des Provinces de l'étenduë des Cinq Grosses Fermes.

Du douziéme Decembre 1702.

Arrest qui casse une Sentence des Officiers de la Maistrise des Eaux & Forests d'Ipres, & un Executoire decerné en consequence, & ordonne qu'en remboursant par Templier au nommé Versyppe les quarante-huit Florins pour les dépens qu'il luy a payez en execution de l'Ordonnance du Subdelegué de Monsieur Barantin, les dépens demeureront au surplus compensez entre les Parties.

Du vingt-troisieme Decembre 1702.

Arrest qui ordonne que sans s'arrester à la Sentence du Juge des Traites de Calais du vingt-cinq Novembre 1702. & conformément aux Arrests du Conseil des vingt-quatre Decembre 1701. & deux Avril 1702. les vingt-quatre pieces de Taffetas mentionnées en l'acquit des Commis de la Doüanne de Lyon du dix-huit Octobre dernier, pour estre envoyées hors le Royaume pour le compte de Jean-Jacques Hubert & Compagnie, payeront les droits de Sortie portez par le Tarif.

A PARIS,

chez la Veuve SAUGRAIN, à l'entrée du Quay de Gesvres, du côté du Pont au Change, au Paradis.

www.ingramcontent.com/pod-product-compliance
Ingram Content Group UK Ltd.
Pitfield, Milton Keynes, MK11 3LW, UK
UKHW022100260726
13993UKWH00001B/230